Jochen Krohn
Die gute Tat und ein Löwenzahn
Balladen und Gedichte

Bibliografische Information der Deutschen Nationalbibliothek:
Die Deutsche Nationalbibliothek verzeichnet diese Publikation
in der Deutschen Nationalbibliografie; detaillierte bibliografi-
sche Daten sind im Internet über dnb.dnb.de abrufbar.

Lektorat   Renate Krohn, Leverkusen

Illustrationen und   Jochen Krohn, Leverkusen
Fotos   Jochen Krohn, Leverkusen

Satz und Lektorat   Renate Krohn, Leverkusen

Umschlaggestaltung, Herstellung und Verlag:
BoD – Books on Demand, Norderstedt

ISBN: 978-3-7578-8566-3

Jochen Krohn

Die gute Tat und ein Löwenzahn
Balladen und Gedichte

Jochen Krohn *1938 in Dresden, verbrachte seine Kindheit in Potsdam. 1953 Übersiedlung nach Köln.
Seine Liebe zum Schreiben entdeckte er erst spät; wobei kritische, romantische, aber auch humorvolle Gedichte, Balladen und Kurzgeschichten Vorrang haben. Dabei wird auch in sei-nen Gedichten sowohl offen als auch verdeckt Kritik an unserer Gesellschaft und der Etikette/dem Benehmen diverser Mit-menschen deutlich.
Jochen Krohn versteht es auch, mit Gedichten den Alltag aufzulockern, so dass sich durchaus der eine oder andere Nachbar auf die Schippe genommen fühlen könnte. Könnte (!) wohlgemerkt, denn alle Personen sind erdacht – Ähnlichkeiten mit lebenden Personen sind zufällig und keineswegs beabsichtigt.

Jeder hat seinen Löwenzahn

Für eine ältere Dame gab es nichts Schöneres als ihren Garten. Sie säte und pflanzte und freute sich daran, dass im Frühjahr alles so wunderschön anfing zu wachsen. Sie hatte den grünen Daumen und fühlte sich durch die bunte Vielfalt ihrer pflanzlichen Schützlinge reich belohnt.

Doch eines machte ihr Kummer. Neben den geliebten Pflanzen, denen sie durch viel Pflege zum Wachstum verholfen hatte, machte sich auch ein ungeliebter Gast breit. Der Löwenzahn.

Sie stellte alles Mögliche an, um den weithin leuchtenden Blüten den Garaus zu machen, doch nichts half. Dieser Mitbewohner ihres Beetes hatte einfach den längeren Atem.

Als sie nun gar nicht mehr weiter wusste, ging sie zu einem alten Gärtner, der schon viele Parks angelegt hatte. Auch den bekannten und beliebten Schlosspark für den König. Ihm klagte sie ihr Leid.

Der alte Gärtner riet ihr zu Diesem und zu Jenem. Doch alles, was er ihr vorschlug, hatte sie schon ausprobiert. Da wurde auch er ratlos und meinte zu der verzweifelten Dame:

Da es augenscheinlich keine Möglichkeit, keinen Trick und wirklich nichts gibt, was helfen könnte, möchte ich Ihnen nur noch einen Rat geben:

„Beginnen Sie, Ihren Löwenzahn zu lieben!"

Kirche im WDR4 am 1. Mai 2012 nacherzählt von Renate Krohn

5

Ja – so ist das wohl: Jeder hat seinen Löwenzahn und der kann ganz unterschiedliche Namen haben. Vor allen Dingen steckt in ihm viel *Mensch(liches)*

Nach oben bitte ...!

Wenn er schlechte Zähne hat... in Massen
Muss der Mensch zu seiner Kasse
Der Zahnarzt will sie ihm gern machen
Damit der Patient kann wieder lachen

Dort will er um Zuschuss bitten
Ins Haus geht er mit festen Schritten
Zwei Möglichkeiten es nun gibt
Den Paternoster und den Lift

Der Zufall will es, der Lift kommt an
Vorm Paternoster steht ein Mann
Es scheint, er kann sich nicht entschließen
'ne Fahrt mit dem Ding zu genießen

Das mit dem Zuschuss hat geklappt
Er kommt zurück in schneller Fahrt
Steigt aus und ach, was sieht er dann...
Es steht vorm Paternoster noch der gleiche Mann

Er fragt ihn, ob er sich nicht traut
Der guckt ihn an ... nicht schlecht erstaunt:
Ich zähl' die Körbe, bin fasziniert
Bis jetzt bin ich bei eintausendvier!

Menschenkinder

Ein Mensch, den Anderer Pech erfreut
Sich ärgert, wenn der Partner Glück hat heut
Des Nachbarn größ'res Auto ihm nicht geheuer ist
Dieser Mensch ist – ein Egoist!

Bahn oder Bus – er sie nicht mag
Er denkt, die fahr'n nie pünktlich ab
Versprechungen, denen traut er nicht
Dieser Mensch ist – ein Pessimist!

Einem, dem kann man erzählen
Es wird alles besser – dann geht er wählen
Und wenn er wartet und geduldig ist...
Ich glaub – das ist ein Optimist!

Der nächste glaubt nur an sich selbst
Was er sieht oder in den Händen hält...
Unabänderlich oder geschehen ist,
Den stuft man ein – als Realist!

Ein' Spezi gibt's noch auf der Welt
Der Frieden unter den Menschen für möglich hält
Auch, dass alle satt zu essen haben
Er ist Utopist – das kann man sagen!

Es wäre erste Bürgerpflicht

Es ist fast niemals ganz zu glauben
Was sich Politiker so erlauben
Zuerst alle dem Volk erzählen
Gerade sie – die sollen wir wählen.

Weil sie die Steuern werden senken
Dem Einen Mehrwertsteuer schenken
Die Schulden werden abgebaut
Das Volk es hört und drauf vertraut

Die Minister, die dort jetzt regieren
Werden ihren Job verlieren
Denn sie hätten zuviel falsch gemacht
und gehören dafür ordentlich abgestraft

Dann ist es soweit, der Wahltag kommt
Die Gutes versprachen, gewinnen prompt
Doch nicht, weil des ganzen Volkes Stimme sprach
Fast fünfzig Prozent zu Hause saß …!

Sie glaubten nicht, was ihnen versprochen
Und wagten es tatsächlich, zu hoffen
Wenn sie nicht zur Urne gehen
Die Politiker werden das schon verstehen

Doch nach der Wahl – welch Wehgeschrei
Die neue Regierung bildet die falsche Partei
Sie begreifen nicht und fragen warum
Sie gingen nicht wählen – und das war dumm!

Unpässlich

Wenn man an nichts Böses denkt
Es im Hals zu kratzen anfängt
Später dann die Nase läuft...
Der Taschentuchverbrauch sich häuft;

Halte Abstand, es könnte sein
Dich erwischt die gleiche Pein.
Frische Luft und Hustentropfen
Lassen dann auf Besserung hoffen.

Am nächsten Tag hat's dich erwischt
Dich friert und heiß ist dein Gesicht
Nimmst das Fieberthermometer
Gehst ins Bett unter die Federn.

Ein heißer Tee hilft dir beim Schwitzen
Auch Wadenwickel können nützen
Leichte Kost, ein Toast und Brühe
Erfolg zeigt sich für diese Mühe.

Am Tag darauf stehst du schon auf
Bleibst vorsichtshalber noch im Haus
Lässt Petrus dann die Sonne scheinen
Du vollends kommst rasch auf die Beine.

Der Mensch an sich ...

Der Mensch an sich ist ja nicht dumm,
Legt sich bis zur Rente krumm.
Für Lebensmittel und das Wohnen,
Auto, Urlaub – es muss sich lohnen.

Und jedes Jahr um diese Zeit,
Weniger schaffen, mehr Lohn für seine Arbeit
Und er denkt, es geht ewig so weiter,
Auf dieser – ach so kurzen – Lebensleiter.

Der Mensch erstaunt, wenn man ihm sagt,
Es gibt weniger Arbeit, nun gib mal was ab!
Ich doch nicht, ich hab's mir verdient,
Sollen die Anderen doch, aber nicht *Ich*!

So denken die Meisten, keiner gibt ab,
Die Firma macht zu, er zum Sozialamt trabt.
Hätten alle in früheren Jahren Maß gehalten,
Der Mensch könnte seinen Ruhestand glücklich
                                    gestalten.

Doch halt! So einfach ist es nun nicht!
Es wäre ja Geld da, oder doch nicht?
Was macht die Regierung mit all unseren Geldern,
Fragt man sie, dann ist sie verstört,
Vom Sparen hat sie noch nie was gehört.

Denn auch das sind Menschen,
Die denken, es geht ewig so weiter.
Obwohl die Geschichte es schon einmal lehrte,
SO sind wir alle bestimmt bald pleite.

Sollten dann alle Menschen nichts mehr haben,
Geht man sich für ein paar €uro an den Kragen,
Fängt irgendwann von vorne an,
Doch ob er was gelernt ? ---
man durchaus bezweifeln kann!

Straßenblumen

Am Straßenrand ein Blümlein steht
Ein jeder achtlos vorüber geht..
Gibt es sich die größte Mühe
Mit seiner leuchtend gelben Blüte

Autos fahren schnell vorbei
Und nebeln es mit Abgas ein
Ein Kindlein kommt daher gelaufen
Betrachtet es mit großen Augen

Bückt sich dann und reißt es ab
Läuft nach Haus in schnellem Trab
Gibt das Blümchen der Mutter dann
Heut' hatte er Glück – der Löwenzahn.

Denkste schon?

Damit die Menschen können überleben
Hat man ihnen ein Gehirn mitgegeben
Vergessen hat man nur, manchem zu sagen
Wie sie es zu benutzen haben!

Da gibt es Spezies schon in der Schule
Betrachten Mitschüler als Nebenbuhler
Und haben nichts mehr anderes im Sinn
Als dem zu schaden – mit ihrem Klein„gehirn"

Doch es gibt Hoffnung mit den Jahren
Der Mensch könnte ein Teil davon aktiviert nun haben
Er muss ja einen Beruf erlernen
Um sich später zu ernähren

Doch weit gefehlt! Politiker und Firmeninhaber
Ihr Hirn schon wieder verloren haben
Statt in der Heimat zu investieren
Billigländer sie nun hofieren

Hier keine Arbeit, keine Besserung in Sicht
Das macht auf die Dauer das bisschen Hirn nicht mit
Der Rest sinnt auf Rache und Randale
Bis auch der Rest dann weg ist – aus der Hirnschale

Es gibt aber auch Leute, wo's Hirn funktioniert
Alle Windungen im Kopf sind aktiviert
Die sich mühen, die Anderen zu belehren
Und sich, wenn's nicht klappt, von ihnen abkehren
Sie greifen zur Gewalt, um es zu erzwingen
Dann merkt man, es ist nicht alles richtig im Hirn…

Und die Moral von der Geschicht'
Ohne Hirn da geht's halt nicht
Doch auch zuviel ist nicht erwünscht
Liegst oft dann mit dir selbst im Clinch

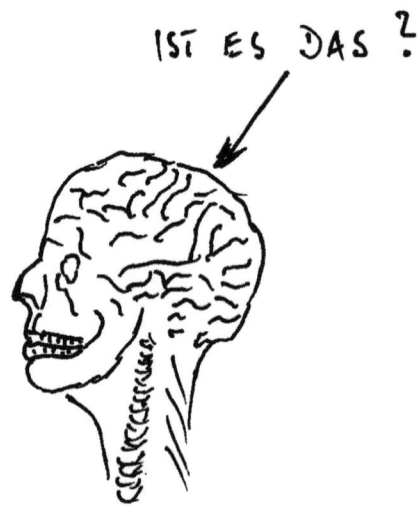

Sparzwang

Es kommt zum Amt ein braver Mann
Klopft höflich er am Schalter an
Fragt den Beamten, der dort sitzt
Und das ist hier bestimmt kein Witz:

Ob er ihm denn vielleicht könnt' raten
Wie er kann mehr Steuern sparen
Von seinem Schreibtisch schaut er hoch
Und denkt im Stillen: „Ist der doof?"

Hier ist's Finanzamt und wir wollen
Dass sie noch viel mehr zahlen sollen
Gerade haben wir uns überlegt
Für den Raucher einen neuen Weg

In jedem Gasthaus wird's verboten
Wer's trotzdem tut, kriegt's auf die Pfoten
Er zahlt Strafe, das wird teuer
So ersetzen wir die Tabaksteuer

Und außerdem – so sagt der Mann
Tun wir etwas für die Gesundheit dann
Sie sparen, wenn Sie nicht mehr rauchen
Können frisches Obst und Gemüse kaufen

Es dreht sich um, der brave Mann
Und denkt, was fang ich jetzt nur an
Ich rauche und ich trinke nicht
Plötzlich ein Lächeln im Gesicht …

Ich verzichte auf Kaffee und Tee
Sekt und Versicherungen sind passé
Lass in der Garage meinen Wagen
So lassen sich trefflich Steuern sparen

Auch tanzen und ins Kino gehen
Urlaub machen an dem See
Das Essen werd' ich reduzieren
Und so Steuern und auch noch Pfunde verlieren…

ALLES GESTRICHEN!

Patient ohne Namen

Am frühen Morgen geht ein Mann
Zum Doktor und meldet sich *nicht* an…
Im Vorzimmer, die gute Fee
Ruft: Halt! – Verdutzt nun bleibt der Mann gleich steh'n

Was haben Sie – wo wollen Sie hin?
Hier geht nichts ohne einen Termin!
Einen Termin, den brauch' ich nicht
Weil der Doktor ein Freund von mir ist.

Ihren Namen bitte – und die Karte
Dann dürfen Sie dort drüben warten
Mein Name geht Sie gar nichts an
Melden Sie mich dem Doktor dann

Wenn Sie mir nicht Ihren Namen sagen
Können Sie hier ewig warten
Das rote Licht am Behandlungsraum geht aus
Zuerst kommt ein Patient heraus

Kurz danach der Doktor kommt
Und die gute Fee sagt prompt:
Anonym hier ist der Mann
Er sagt, sein Name gehe mich nichts an…

Der Arzt schaut dem *Patienten* ins Gesicht
Und der sagt: „Erkennst du mich denn nicht?"
Plötzlich ein Grinsen – der Arzt nun sagt:
„Na klar – den Doktor hab' ich bei dir gemacht!"

Komm rein, ich hab noch zwei Patienten
Denen werden wir gemeinsam helfen
Mittagspause habe ich dann
Da gehen wir essen – alle zusamm'

Doch erst entschuldigt er sich bei der Dame
Weil er nicht nannte seinen Namen
Es sollte eine Überraschung sein
Dann stellt er sich vor als Professor Klein

Müßiggang

Klaus wird wach und sieht hinaus,
Rund herum ist's grau in grau,
Er zieht die Bettdeck' noch mal zu,
Denkt, die Arbeit lass ich heute ruh'n.

Als er nach zwei weiteren Stunden sich bewegt,
Aus den grauen Wolken es jetzt regnet,
Ein Hungergefühl stellt sich auch ein,
Zwei Brötchen und Kaffee – das muss sein.

Nun bleibt zur Arbeit keine Zeit,
Zum Mittagessen ist's nicht weit,
Mit Zeitung lesen vergeht die nächste Stunde,
Im Kühlschrank hat er noch 'ne Pizza gefunden.

Die Küche wieder aufpoliert,
Dann macht er sich lang – ganz ungeniert,
Ein guter Freund hat ihm gesagt,
Mit vollem Magen arbeiten – ein schlechter Rat.

Das Mittagsschläfchen ist vorbei,
Ist's auf der Uhr schon kurz vor drei,
Ein Kaffeestündchen wäre schön,
Vielleicht ist im TV auch was zu seh'n.

So ist der Tag ohne Arbeit vergangen,
Klaus nimmt sich vor, Morgen anzufangen,
Ein schlechtes Gewissen hat er nicht,
Er kann es sich leisten – weil er Rentner ist.

Der Lohn der guten Tat

Ein Mann kommt von 'ner Wanderung,
Freut sich auf einen kühlen Trunk,
Von weitem sieht er schon die Schenke,
Die letzten Schritte noch … fast rennt er.

Im Freien setzt er sich auf den Stuhl, den harten
Der Ober bringt die Getränke-Karte,
Der Durst, so sagt er, bringt ihn fast um
Und er bestellt ein alkoholfreies Weißbier drum.

Aus einer Flasche schenkt er ins Glas
Und freut sich auf das kühle Nass.
Eine Wespe in der Nähe fliegt,
Die auf den Duft des Bieres neugierig ist.

Auf den Rand der Flasche setzt sie sich,
Oh weh – sie bekommt das Übergewicht,
Kopfüber stürzt sie dort hinein,
Das wird das Ende ihres Lebens sein.

Der Mann sein Glas nun leer getrunken hat,
Kippt den Rest aus der Flasche mit Bedacht,
Die Wespe schwimmt in seinem Glase
Und er überlegt, was er jetzt mache …

Mit einem Stöckchen fischt er sie raus,
Sie sieht doch reichlich leblos aus,
Er denkt: das hat sie nun davon …
Sie vertrocknet auch noch in der Sonn'!

Jetzt trinkt er aus und will bezahlen,
Da sieht er, wie die Totgeglaubte sich aalte,
Mit den Flügeln schlug sie noch 'ne Weile,
Dann machte sie sich auf die Weiterreise.

Vielleicht, doch das ist nicht belegt,
Von jetzt an sie jedem Bier aus dem Wege geht,
Das nächste Mal, das ist gewiss…
Ein Anderer nicht so freundlich ist.

Nach einer Erzählung von Uwe Krohn/2018

Omas Geburtstag

Heut' ist ein besonderer Tag
Oma Else wird 90 Jahre alt
Vollzählig reist die Familie an
Doch einer fehlt … ihr Ehemann

Vor einem Jahr ist er vorausgegangen
Um in der Ewigkeit neu anzufangen
Und weil die Liebe war so groß
Denkt Oma Else – wann geh' *ich* bloß?

Auch heute, an der Kaffeetafel
Hört sie gar nicht der Familie Geschwafel
Denkt, zwischen zwei Sahnestücken
„Heut' wär' der Tag um auszurücken"

Sie greift nach einem dritten Stück mit Butter
Die Tochter ruft: „Denk an deinen Zucker …"
Ein Enkel sagt: „Dir wird gleich schlecht…!"
Die Oma denkt – so! Nun erst recht!

Ein Schnäpschen noch, dann ein Glas Sekt
Mein Geburtstag war perfekt
Das ist die Gelegenheit zu gehen
Um mein Karlchen wieder zu sehen

Jedes Gesicht schaut sie noch mal an
Steht auf und geht ins Bett sodann
Die Familie macht derweil weiter
Einmalig ist so eine Geburtstagsfeier

Am nächsten Morgen dann der Schreck
Oma Else liegt kalt in ihrem Bett
Die Familie ist schockiert…
„Wie ist denn das bloß nur passiert?"

Der Hausarzt kommt und er stellt fest
Das Herz – sich nichts mehr ändern lässt
Ein Wagen holt die Oma ab
Wird fertig gemacht fürs Familiengrab

Ein großer Kranz wird auch bestellt
In Omas Lieblingsfarbe *gelb*
Auf der Schleife soll später stehen geschrieben
Auf beiden Seiten „Ruhe in Frieden"

In der Kapelle aufgebahrt
Manche grinsen, das ist echt hart
Erst als alle zum Grabe schreiten
Lässt sich ein Lächeln nicht vermeiden
Denn auf des Kranzes Schleifen
Steht: Ruhe in Frieden – auf beiden Seiten!

Nichts gefunden

Im Gemischtwarenladen nebenan
Gibt es seit gestern einen Mann
Er beobachtet die Menschen intensiv
Es ist … erraten! ein Detektiv

Nun marschiert der gute Mann
Hier und da am Regal entlang
Er stellt mit Erstaunen fest
Was mancher Kunde mitgehen lässt

Am Obst und Gemüse ist's ganz arg
Man es fast nicht glauben mag
Jedes Teil wird angetatscht
Beim vierten Kunden ist es Matsch

Bei seinem Rundgang durch den Laden
Sieht er so manchen Kameraden
Der ordnungsgemäß was legt in den Korb
Und überlegt am nächsten Ort …

Ob der das Eine oder Andere überhaupt braucht
Die Tüte Milch landet mitten im Sauerkraut
Drauf angesprochen sagt er geschwind:
„Stellen Sie es doch wieder richtig hin!"

Ein anderer Kunde dreht sich dauernd um
Der Detektiv fragt sich: Warum?
Schnappt sich einen Einkaufswagen
Um hinter diesem her zu traben

Registriert was er so kauft
Die große Tasche fällt ihm auf
An der Kasse steht er hinter ihm
Zählt, was der auf das Band legt hin

Da fehlen fünf Tafeln Schokolade
Die er vorhin im Wagen hatte
Da gibt er sich zu erkennen und spricht ihn an
Ob er mal in seine Tasche sehen kann

Der Kunde schaut, tut überrascht
Öffnet freiwillig seine große Tasch'
Neugierig schaut der Detektiv hinein
Leer … wo mag die Schokolade sein

Er entschuldigt sich – der Kunde grinst
Sagt: „Kein Problem, es ist Ihr Dienst"
Der Kunde zahlt und geht nach Haus
Dort packt er fünf Tafeln Schokolade aus

Was der Detektiv nicht hat bedacht
Die Tasche einen doppelten Boden hat
Der Hohlraum ist für 'nen Schirm zwar vorgesehen
Doch bei schönem Wetter kann man ja ohne gehen…

Regenwetter

Heut ist wieder so ein Tag
Den meine Mutter gar nicht mag
Schaut aus dem Fenster – nichts als grau
Da bleibt sie lieber gleich im Bau

Viele Menschen traurig sind
Wenn dicke Wolken zieh'n geschwind
Und fallen dann noch Regentropfen
Die an ihre Fenster klopfen

Die Fensterscheiben, gerade geputzt
Dank Regen sieht man neuen Schmutz
Auch kostet so ein Tag viel Geld
Weil die Dauerwelle nicht mehr hält

Dazu kommt der Wind aus Westen
Lässt viele Regenschirme bersten
Sogar die Nachbarn sind dem Wetter gram
Weil sie gerade das Auto gewaschen ha'm

Statt nun mal darüber nachzudenken
Mit dem Regen will man uns beschenken
Denn worüber sollen wir uns freuen
Würde nur die Sonne scheinen

Keine Blumen, kein Laub an den Bäumen
Aus Wassernot müsste man die Glocken läuten
Das Trinkwasser würde rationiert
Manches Tier wär' schon krepiert

Dann höre ich die Mutter flehen
Lieber Petrus schick' wieder Regen
Auch wenn der Himmel grau ist wie 'ne Maus
Ich geh sogar zu 'nem Spaziergang raus

Regenschlacht

Als über Nacht der Euro kam…
Und unsere stabile DM nahm
Wurde, das ist ja bekannt
Alles teurer in unserem Land

Ob Benzin, ob Bahn und Bus
Man nun viel mehr zahlen muss
Auch Vinzenz macht es keinen Spaß
Zur Arbeit fuhr er jetzt per Rad

Das nicht nur bei Sonnenschein
Sogar bei Regen, wenn's auch gemein
Heut' war wieder so ein Tag
An dem es gar nicht trocken ward…

Da nahm er sich ein Regencape
Und machte sich auf seinen Weg
Plötzlich sah er von weitem eine Pfütze
Und fuhr schneller, was ihm gar nichts nützte

Denn, was der Vinzenz nicht bedacht
Die Straße hier eine Delle macht
Das Wasser, was hier angeschwemmt
Hat seine Weiterfahrt gehemmt

Mittendrin ging's nicht mehr weiter
Er fand das überhaupt nicht heiter
Von oben war er ziemlich trocken
Doch pitschenass waren seine Socken

Auch seine Schuhe waren versaut
Er hat sich ein Paar neue gekauft
Und – das war dann eine Überlegung wert
Wie oft man für das Geld besser Autobus fährt...

Das Würstchen

Ein Würstchen lief eilig über die Straße
Und weil es krumm war, fiel's auf die Nase
Von einem Auto wurde es überrollt
Das fand das Würstchen gar nicht toll …

Gesundheit

Wer immer in der Stube hockt,
Der geht irgendwann am Stock,
Drum: wenn die Sonn' vom Himmel ruft,
Geh' ganz viel an die frische Luft

Grau wie ein Elefant

Heut ist wieder so ein Tag,
Den ich überhaupt nicht mag,
Werde wach und hör' die Tropfen,
Die mit Macht ans Fenster klopfen.

Gut, denk ich, es geht vorbei,
Gönne mir mein Frühstück plus Ei,
Danach ich aus dem Fenster seh',
Jetzt vermischt sich der Regen auch noch mit Schnee!

Ich versuche, dem Wetter was Gutes abzuringen,
Wir brauchen Wasser, nicht nur zum trinken,
Auch Staub auf den Straßen und Wegen,
Werden vernichtet durch den Regen.

Ich werde meinen Spaziergang verschieben,
An Freunde werden Briefe geschrieben
Und dann gibt's noch Preisrätsel, die auf Lösungen warten,
Im Haus gibt es auch Beschäftigungen aller Arten.

Zum Ende muss ich noch erklären,
Warum ich den ganzen Tag zu Hause wäre,
Ich denke, alle haben es schon erraten,
Als Rentner hat man *Zeit* zu warten!

Das glaub' ich nicht…

Es trifft sich der Rudi mit dem Klaus
Täglich vor dem Schützenhaus
Um gemeinsam zu trainieren
Ihre alt gewordenen Glieder

Bis zum Stadtwald ist's nicht weit
Da sind die Wege zum Laufen breit
Doch als Läufer ist man nicht mehr allein
Man muss sich die Wege mit Radfahrern teilen

Dann gibt's noch die Spezies mit ihren Hunden
Die trotz Leinenzwang drehen frei ihre Runden
Ein komisches Gefühl stellt sich da ein
Hoffentlich beißt keiner grad' uns ins Bein

Zehn Minuten später bleiben sie freiwillig stehen
Was da auf sie zukommt, haben sie noch nie gesehen
An zwei Leinen führt ein Mann
Ein Rehkitz und 'nen Dobermann

Als Klaus und Rudi sich aufs Reh zu bewegen
Hat die Hundedame etwas dagegen
Sie fängt laut zu bellen an
Das Reh setzt sich auf seinen Hintern dann

Der Mann nun den Beiden es erklärt …
Als Amme hat die Hündin das Kitz genährt
Nun sieht dieses sie als Mutter an
Nur, dass es noch nicht richtig bellen kann!

Nicht, dass wir dahin wollten …

Wenn es sie gibt, diese höhere Macht,
Was hat sie (er?) sich bloß dabei gedacht?
Am Tag der Weiber-Fase-Nacht,
Er uns mit hohem Fieber hat bedacht.

Dann kam der Schüttelfrost dazu,
Schlapp wie Lumpi und was nun?
Mittelchen, wie Olbas, sind im Haus,
Doch fiebersenkende Pillchen sind grad' aus.

Schnell noch ins Dorf zur Apotheke,
Proppenvoll, es traf noch mehrere,
Mit Medikamenten für viel Geld,
Ging's ab nach Hause – aber schnell!

Nun pendelt man zwischen Sofa und Bett,
Der Durst ist da – der Hunger weg,
Dann verliert am Samstag auch noch mein Verein,
Wie soll man da genesen … es ist zum weinen.

Ob nun die Medikamente geholfen haben,
Oder die Gedanken der *Oberen* eine Wendung nahmen,
Nach vier Tagen ging es schon etwas besser,
Denn … wir konnten auch mal wieder etwas essen.

Am fünften Tag blicken wir schon mal zurück,
ein Kilo verloren – waren sowieso zu dick!
Die Sonne schien, wir haben sie gesehen,
und konnten mit Fieber nicht spazieren gehen.

Warten auf Post

Im Urlaub war's
Da trafen sich
Zwei Gleichgesinnte
An einem Tisch

Als der Urlaub dann vorbei
Versprachen sich ganz fest die Zwei
In einem langen Brief zu schreiben
Wie die Fahrt war bis daheim

Hans dachte an's versprochene Wort
Und setzte sich zu Haus sofort
Hin mit einer Ansichtskarte
Um sie Tags darauf per Post zu starten

Dann fängt an das frohe Warten,
Wann ist von Kurt eine Nachricht im Kasten
Vierzehn Tage ist's nun schon her
Im Briefkasten Reklame – und sonst nichts mehr

Nun ja, denkt Hans, er hat's vergessen
Verschwunden ist die neue Adresse
Und versucht's noch mal mit einem Brief
Auch die Telefonnummer er mit schrieb

Prompt ging Tags's darauf das Telefon
Kurt sagte: er habe geschrieben – lange schon
Eine E-Mail am gleichen Tag
Mein Computer sagt, dass du sie auch bekommen hast

So geht es Vielen, die zwar noch schreiben
Aber Stift und Papier trotz allem meiden
Und sich darüber dann beschweren
Wenn die Poststationen geschlossen werden …

Schade, immer öfter bleibt er leer

Poesie auf dem Schulhof

Liebe Leute groß und klein
Haltet mir mein Album rein ...

So schrieb man einst voll Poesie,
doch heut?
Mit Poesie ist's nicht mehr weit.

Statt dessen auf dem Schulhof
Keile – Klöppe – und so weiter
und im schlimmsten Fall sogar:
Drogenkonsum!
Na wunderbar.

Und was tut der Aufsichtswart?
Er dreht sich um –
Ist doch bequem:
„Ich habe einfach nichts gesehen!"

Renate Krohn

Basisch ...

Irgendwann hab ich's begriffen,
Schokolade mir verkniffen,
Denn der Bauch wurd' rund und dick
Und das fand ich gar nicht chic.

Nun kämpft mein Körper mit den Säuren,
Ernährt sich basisch,
Das ist teuer –
Außerdem nicht ganz geheuer ...

Kohlrabi, Brokkoli gegen Gicht,
Möhren für das Augenlicht,
Doch ohne Butter – oh wie hart,
Die Möhre doch rein gar nichts macht.

Sie braucht die Butter
Und das ist Fett;
Wir wissen doch: nur Fett macht fett!
Und nun?
Was tun?

Ich hab' beschlossen,
Ich mach weiter –
Bin einfach glücklich, froh und heiter;
Jedes Pfund, was dennoch purzelt,
Schreib ich zu nun einer Wurzel.

Renate Krohn

...und jetzt wird es ganz familiär

Familien"Bande"

Alles fängt ganz harmlos an...
Doch dann denkst du irgendwann
Hab' ich das eigentlich so gewollt
Ich spure nicht – die Familie grollt?!

Wer denkt, ihn könnte es nicht treffen
Er soll doch nur ein wenig helfen
Schleichend wird es selbstverständlich
Der Rest in der Familie freut sich...

Als Kind, bevor ich in die Schule geh
„du könntest erst zum Bäcker geh'n"
Schularbeiten müssen warten
Die Eltern sagen... „hilf erstmal im Garten!"

Ob du Geschwister hast – egal
Oder allein bist im Familienclan
Die Freizeit wird teilweis' beschnitten
Mit Auto waschen oder Baby sitten!

Bist du dann erwachsen und aus dem Haus
Nach deiner Arbeit hilfst du bei den Eltern aus
Fährst mit dem Auto, weil sie betagt
Zu Freunden und zur Kaffeefahrt

Und egal, welchen Beruf du hast gewählt
Nur dein kostenloser Einsatz für die Familie zählt.
Später hast du Frau und Kind
Reduzierst die Hilfe für die Familie geschwind

Der Aufschrei ist schon programmiert
Dass du dich doch wohl nicht genierst…!
Hast immer dies und das gemacht
Du keine Zeit mehr für uns hast!

Zur Selbstverständlichkeit ist es geworden
Dass du jedem hast geholfen
Wie kannst du nur so grässlich sein
Teilst deine Freizeit anders ein

Denkst, zwei Möglichkeiten du nun hast
Und riskiert vielleicht 'nen Krach
Reduzierst die Hilfe auf ein Mindestmaß
Weil Hilfe fast Ausnutzung war

Wie konnte es nur soweit kommen
Dass jeder deine Zeit genommen
Warum hast du dich nicht gewehrt
Kommt die Familie denn immer zuerst?

Um Abhängigkeiten zu vermeiden
Dass weder die Familie noch du musst leiden
Sollte man mit Maß und Ziel
Zu Hilfe eilen, wenn man es (selber) will!

Mach das Beste draus

Im Radio haben sie gesagt,
Heute wird ein Regentag.
Essen und Trinken ist im Haus,
Man muss nicht unbedingt hinaus.

Eine Idee wär' Staub zu wischen
              in allen Zimmern,
Oder per Brief sich um Bekannte kümmern,
Dann wäre da noch, die Wäsche zu waschen,
Oder einen Besuch im Museum machen

Eine andere Idee wäre auch nicht schlecht,
Ein Buch zu nehmen und auf die Couch gesetzt,
Man könnte aus dem Fenster schauen
Und sehen, wie Andere durch den Regen laufen

Viele Dinge fallen mir noch ein,
Zum Beispiel eine Geschichte schreiben
Um diese dann mit Anderen zusammen,
In ein Manuskript zu bannen.

All das könnte man tun am Regentag,
Da man mehr Zeit für die Familie hat,
Am nächsten Tag, wenn der Regen vorbei …
Der Tag war ausgefüllt mit Allerlei.

Zufrieden schaut man dann zurück,
Den ganzen Tag Regen – was für ein Glück,
Sachen, die man aufgeschoben,
Konnte man in aller Ruhe nachholen.

Eine Kahnfahrt

Es fuhr der Hein mit seinem Kahn
Des Sonntags auf dem Fluss die *Lahn*
Kinder, die am Ufer standen
Das bunte Bötchen lustig fanden

Sie winkten ihm mit beiden Armen
Bis Heinrich hatte ein Erbarmen
Mit dem Ruder er lenkt den Kahn
Nach rechts und legt am Ufer an

Kind für Kind springt in das Boot
Hein hat seine liebe Not
Das Bötchen wackelt her und hin
Bis alle Kinder endlich drin

Dann legt er ab mit seinem Kahn
Und die Flussschifffahrt begann
Sie sahen Kühe auf der Wiese grasen
Und auf dem Feld sich Hasen jagen

Im klaren Wasser des Flusses Mitte
Sahen die Kinder viele Fische
Eine Entenfamilie konnten sie sehen
Und am Uferrand einen Reiher stehen

Hein sah plötzlich eine dunkle Wolke
Und er ahnte schon, was folgte
Sie würden alle pitschenass
Verderben ließen sich nicht den Spaß

Eine kleine Brücke kam in Sicht
Dort warteten sie, bis die Wolke sich verzieht
Dann drehte Heinrich seinen Kahn
Und die Fahrt zurück begann

Am Ausgangspunkt dann angekommen
Die Kinder haben von Hein Abschied genommen
Alle winkten mit beiden Armen kräftig
Das Bötchen verschwand und schaukelte heftig

Auch Heinrich hatte seine Freude
An der lustigen Kindermeute
Vor allem das helle Kinderlachen …
Man sollte so was öfter machen!

Kleine Fische leben länger

Fritz kaufte sich, und das war dumm,
Von privat ein großes Aquarium.
Die Fische in ganz vielen Farben –
Könnt' er dazu gratis haben.

Das Aquarium war nun leer und geputzt,
Im Eimer hatten die Fische Frust;
Auf dem Heimweg Steine und Pflanzen gekauft,
Zu Hause stellt er es im Wohnzimmer auf.

Das Gerät zur Sauerstoffzufuhr angeschlossen,
Steine und Pflanzen rein – Wasser zugegossen.
Dann wurden die Fische aus dem Eimer befreit,
Und landen mit Schwung in ihrem renovierten Heim.

Oft saß er jetzt vor dem Aquarium, der Fritze…
Sah zu, wie die Fische durchs Becken flitzen,
Im Laufe der Wochen wunderte er sich –
Immer größer wurde vor allem *ein* Fisch!

Er überlegt, was mach ich bloß?
Für dies Becken ist er viel zu groß!
Der Fisch übersiedelte in den Gartenteich,
Ob er sich freute über sein neues Reich?

Doch lebte er im Freien sehr gefährlich,
Ein Graureiher näherte sich ihm nämlich,
Als der Fisch neugierig nach oben kommt,
Sein letztes Stündlein schlägt nun prompt…

Der Reiher fliegt mit seiner Beute zum Nest,
Für die Familie war der *kleine Fisch* dort ein Fest!

Irgendwann traf Fritz den Verkäufer wieder,
Als er ihm die Story erzählte,
Schlug der die Augen nieder.
Das war wohl nicht ganz okay –
Ich tu's auch nicht wieder!

Die Moral von der Geschicht'
Geh zum Fachhandel,
Dann passiert so was nicht!
(oder doch?)

Jägers Missgeschick

Es kommt der Jäger aus dem Wald
Seine Büchse blieb heut kalt
Denn der Mond, der ihm versprochen
Hatte hinter 'ner Wolke sich verkrochen

Wildschwein, Reh und auch der Hase
Machten ihm 'ne lange Nase
Nun konnten sie auf jeden Fall
Ruhig äsen, ohne Büchsenknall

Der Jäger denkt, das kann nicht sein
Ohne Beute komm ich heim
Im Wirtshaus sieht er dann noch Licht
Kehrt ein – ein Bierchen schadet nicht

Dem Wirt erzählt er's Missgeschick
Der tröstet ihn … das macht doch nix
'nen Hasen hab' ich noch in der Truhe
Den geb' ich dir und dann ist Ruhe

Nicht mehr ganz nüchtern er sich bedankt
Und mit dem Hasen heimwärts wankt
Seine Frau hörte er laut schlafen
Ins Eis legt er noch schnell den Hasen

Am nächsten Morgen auf die Frage
Ob er denn was geschossen habe
Die Antwort, die darauf er gibt:
„Ja, 'nen Hasen – er in der Truhe liegt"

Das trifft sich gut, sprach seine Frau
Heute Abend ist Besuch im Bau
Mit Klößen, Rotkraut und feiner Soße
Servieren wir ihn Familie Klose

Der späte Nachmittag ein Ende nahm
Der Jägersmann nach Hause kam
Schaut seine Frau ihm ins Gesicht
Und sagt: „Der Has' mein Lieber, war nicht frisch!"

Ich glaube, du hast gestern mich belogen
Dass sich im Haus die Balken bogen
Ich habe noch nie einen frischen Hasen gesehen
In dessen Bauch die Innereien in Plastik gelegen

Was blieb dem armen Jägersmann
Es seiner Frau zu beichten dann
Mit einem großen Blumestrauß
Bügelte er die Sache wieder aus

Acht Beine

Es legt zur Ruhe sich ins Bett
Der Anton und sein' Frau Anett'
Kurz darauf sie ruhig atmen
Sie sind beide eingeschlafen

In dem Haus, in dem sie wohnen
Hört man keinen mehr rumoren
Auch der Verkehr auf allen Straßen
Hat in der Nacht stark nachgelassen

Durchs offne Fenster marschiert sie dann
Auf acht Beinen so schnell sie kann
Kopfüber und entlang der Decke
Bis zur Mitte der beiden Betten

Der Menschen Wärme zieht sie an
Spinnt einen langen Faden sie sodann
Behutsam lässt sie sich daran herab
Bis sie 'nen Landeplatz gefunden hat

Sie läuft wie der geölte Blitz
Bis auf Anettes Angesicht
Und deren erste Reaktion
…schlägt zu – und trifft Anton

Der wird wach und ist erstaunt
Im Schlaf ihn seine Frau verhaut
Sicher träumt sie grad' ganz schlecht
Er legt sich hin – das Licht verlöscht

Das arme Tier ist arg erschrocken
Und schnell unter's Kopfkissen gekrochen
Als dann die Menschen wieder schlafen
Will sie sich aus dem Staube machen

So fix sie ihre Beine tragen
Rennt sie in Richtung ihres Fadens
Doch der Faden ist gerissen
Sie hätt' es eigentlich wissen müssen

Sie überlegt … sie *muss* zur Wand
Dass sie zum Fenster hin gelangt
Doch dann läuft sie – weil nirgendwo Licht
Erneut über Anettes Angesicht

Ein Schrei – und dann ein fester Schlag
Zum zweiten Mal wird Licht gemacht
Es schauen sich an: Anton und Anett'
Eine dicke Spinne liegt zwischen ihnen – im Bett!

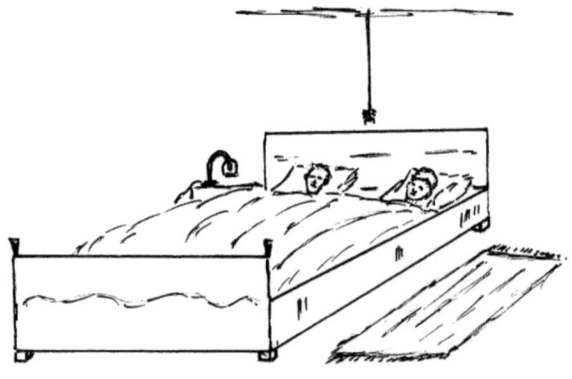

Alles Banane… oder was?

Es fragt der Vater seinen Sohn
Lieber Felix weißt du schon
Die Banane, die du gerade isst
Wo die hergekommen ist

Na klar – ich fahr jeden Tag daran vorbei
Sie kommt aus der Bananenreiferei
In Ecuador und auch Bolivien
Erntet man, wenn sie noch grün sind

Es ist gar ein langer Weg
Den die Banane zurück dann legt
Im Kühlcontainer, gut verpackt
Werden sie zu uns gebracht

Der Vater staunt, woher weißt du das
Auch, dass sie reifen mittels Gas
Und bei einer bestimmten Temperatur
Sie reif und gelb dort werden nur

Und weißt du auch, warum sie so teuer sind
Na klar, antwortet Felix ganz geschwind
Am wenigsten verdient der Bauer zu Haus
Der Händler verdient dran, der sie von ihm kauft

Der Transporteur, der sie schickt auf Reisen
Dann, der sie lagert und lässt sie reifen
Wenn sie dann reif und neu verpackt
Verdient der, der sie bringt zum Supermarkt

Dann verdient der, der sie uns verkauft
Und die, die für alle arbeiten, natürlich auch
Und weil man sie essen will, zu jeder Jahreszeit
Transportiert man sie kilometerweit

Der Vater nun zu Felix spricht
In meiner Jugend gab es das nicht
Etwas Besonderes war die Banane
Es gab sie nur zu besonderen Tagen

Unsere Ohren schlafen nie
...und sind äußerst nachtragend

Unsere Ohren schlafen nie
Auch in der Nacht, da hören sie
Den Wind, der durch das Fenster weht
Den Wecker, der auf'm Nachttisch steht

Der Tag beginnt ... das Radio an
Gleich pfeift der Wasserkessel dann
Als nächstes quietscht's Garagentor
Den alten Diesel hört das Ohr

Bis zum Parkplatz vor dem Werk
Im Auto nun das Radio plärrt
Am Arbeitsplatz rattert die Maschine
Zum Feierabend heult die Sirene

Im Kaufhaus wird der Mensch beschallt
'ne Gruppe Kinder sich lauthals zankt
Feuerwehr und Krankenwagen
Das Ohr muss allen Schall ertragen

Handy-Klingeln, Musik im Ohr
Flugzeuge, Autos – volles Rohr
Und daheim in den vier Wänden
Wo die Ohren vielleicht Ruhe fänden...

...weit gefehlt – den Fernseher an
Revolverhelden und Horror dann
Dazu die Werbung, die da dröhnt
Das Ohr sich nie daran gewöhnt

Und eines Tages ist es soweit
Unser Ohr tritt in den Streik
Plötzlich der Mensch nix mehr versteht
Und daraufhin zum Doktor geht

Der sagt, wir sollen Krach vermeiden
Die Ohren müssen zu sehr leiden
Sie brauchen Zeit, sich zu erholen
Schaffen Sie sich Ruhezonen

Doch alles, was hier aufgezählt
Des Menschen Ohr nicht zu sehr quält
Ein wenig Watte in das Ohr
Dämpft schon der Geräusche Chor

Zum Schluss sei noch einmal gesagt
Wer zu oft in die Disco trabt
Manipuliert, dass der Auspuff röhrt
Braucht sich nicht zu wundern
…wenn er im Alter nichts mehr hört!

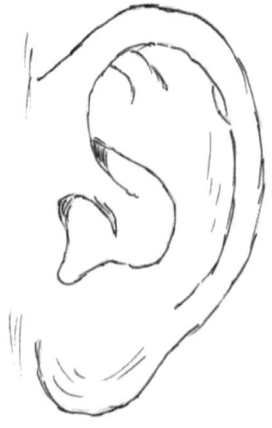

Geschenke

Es schenkt der Vater seinem kleinen Sohn
Zum Spielen ein buntes Telefon
Auf dass er sich schon früh gewöhne
An viele schöne Klingeltöne

Als er dann etwas älter ist
Sagt… „Papa, dieses Ding ist Mist"
Kannst du mir nicht 'ne Leitung legen
Dann kann im Haus ich mit Euch reden

Bald genügt auch das nicht mehr
Ein eignes Telefon muss her
Ich möchte' mit Freundin und Kameraden
Auch am Abend von hier mal *schwaden* (quasseln)

Und wieder ging die Zeit dahin
„Papa, nur vom Festnetz sprechen hat keinen Sinn!
Ein Handy wär' für mich ein Segen
Telefonieren könnt ich auf allen Wegen"

Nun hat er alles, was er braucht
Ein Freund hat ihm dann eingehaucht
'nen Computer musst du unbedingt kaufen
kannst telefonieren und E-Mails tauschen

Irgendwann wird's dem Vater zu bunt
Sein Sohnemann wird kugelrund
Bewegt sich kaum, kriegt Gliederschmerzen
Er verbietet alles, schweren Herzens!

Der Sohn versteht nicht, was das soll
Dass ihm der Vater plötzlich grollt
Gut… er hat ein bisschen zugenommen
Das soll in den besten Familien vorkommen

Und hat der Vater, ohne mich zu fragen
Mir ein Telefon geschenkt – noch im Kinderwagen
Ich bin doch nur mit der Zeit gegangen
Er hat damit angefangen

Auch Mutter klagt nun, nichts würde mehr passen
Dauernd braucht er neue Sachen
Die Haushaltskasse ist stark überzogen
Durchs telefonieren und für Farbpatronen

Also merke: fängst du mit einem Geschenk fürs Kind mal an
Denk nach – sonst wird's zum Bumerang
Wirst die Sorgen nicht mehr los
Dazu noch jede Menge Moos! (Geld)

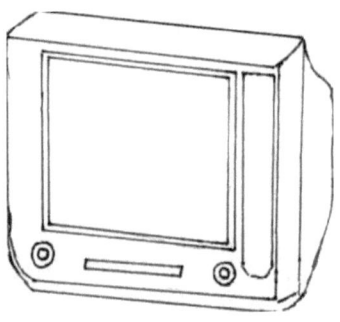

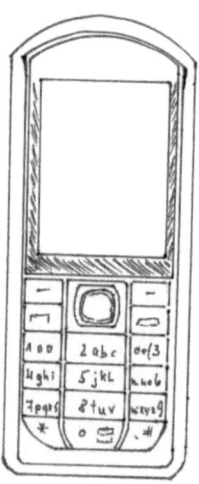

So ein Hund!

Es trabt der Mann schon in der Früh
Mit seinem Hund, dem dummen Vieh
Vom fünften Stock durchs Treppenhaus
Sein Hund muss unbedingt jetzt raus

Er hatt' ihn seiner Frau mal geschenkt
Doch die bleibt liegen, schnarcht leis' und pennt
So muss er sich sputen, denn er weiß
Der Hund sonst an der Leine reißt

Und er, so früh noch nicht ganz wach
Kann ihm so schnell nicht folgen nach
So lässt er ihn ohne Leine laufen
Oh je, die Tür ist auf – schon ist er draußen

Der Mann nun in der Haustür steht
Schaut links und rechts entlang des Wegs
Von seinem Hund … nicht eine Spur
Von weitem hört er's bellen nur

Er ruft und pfeift so laut er kann
Und um die Ecke kommt sodann
Ein Schutzmann zu so früher Stunde
An seiner Leine gleich zwei Hunde

Die Frage, ob das sein Tier wäre
Warum es ohne Leine läuft, soll er klären
Und wieso sein Hund mitten in der Stadt
Am Laternenpfahl sein Geschäft gemacht

Verwarnt wird unser Mann und belehrt
Dass sich so was nicht gehört
In Zukunft solle er darauf achten
Sonst würde er sich strafbar machen

Auf dem Heimweg denkt er nach
Wie er es am besten macht
Dass seine Frau mit dem Hund nun Gassi geht
Damit *ihm* dergleichen nicht mehr widerfährt.

Das Zeugnis ist schuld…

Endlich sind die Ferien da,
Es freuen sich Mutter, Tochter und Papa,
Ein tolles Zeugnis bringt das Mädel heim,
Drum soll's eine weite Reise sein

Der Vater hat, dass nix passiert,
Alles heimlich arrangiert
Und eine Woche vor der Fahrt,
Zum Impfen steht der Arzt parat.

Nun fragt die Tochter, wo geht's hin?
Nach Impfen steht mir nicht der Sinn;
Italien, Spanien, Österreich,
Man ohne Impfung leicht erreicht.

Da spricht der Vater, das ist wahr;
Doch fliegen wir nach Afrika.
Die Tochter streikt, sagt, ohne mich –
Fliegen? – nein, dann verreis' ich nicht.

Ich fühl' mich im Flugzeug nicht mehr sicher
Terroristen gibt's; die Wartung wird mieser,
Und dann – wo immer – vielleicht Maskierte,
Die Touristen gern entführ(t)en.

Was liest man alles in der Presse,
Im Gepäck ich plötzlich Rauschgift hätte,
Lande womöglich dort im Knast,
Nee – diesen Urlaub schminkt Euch ab.

Der Vater sagt, nachdem er's gehört,
Mein Kind, wenn dich die Reise stört,
Dann fliegen Mutter und ich alleine,
Probleme gibt es sicher keine

Und sollte wider Erwarten im Land was passieren,
Wir trotz Impfung krank werden oder man könnt' uns entführen,
Auch dort gibt es Ärzte und dann unseren Staat,
Der uns befreit und Lösegeld zahlt.

Danach antwortet die Tochter selbstbewusst,
Ich fahre nicht mit – und damit Schluss.
Mein gutes Zeugnis sollt Ihr nicht zum Anlass nehmen,
Euch deswegen in Gefahr zu begeben.

Zahlt einen Abstand und storniert die Reise,
Von dem Rest des Geldes fahren wir in die Heide,
Schauen uns Lüneburg, Stade und Celle an,
Nach drei Wochen sind wir wieder sicher zuhause dann.

Ohne Einigung geht es am Abend ins Bett,
doch am nächsten Morgen staunt die Tochter nicht schlecht
als der Vater zu den Seinen am Frühstückstisch spricht,
ich hatt' einen ganz schlechten Traum – wir fliegen nicht!

Ich gehe ins Reisebüro und buche um,
Doch drei Wochen in der Heide, da lauf ich nicht rum,
Wir fahren nächste Woche dann,
Ans Meer, nach Italien, mit der Bahn!

Ferienzeit

Man wartet darauf das ganze Jahr
Bis der Urlaub endlich da
Manche Familie hat eisern gespart
Für die *große* Ferienfahrt

Fahren muss man in der Hauptsaison
Die Schulferien sind schuld, von Tochter und Sohn
Da stellen sich die Politiker hin
Und sprechen von Familiensinn!

In der bezahlbaren Ferienwohnung
Bleibt der Hausfrau kaum noch Schonung
Wie zu Hause: Betten machen
Essen kochen, Geschirr abwaschen

Doch wenn Mann und Kinder gut erzogen
Geht morgens jemand Brötchen holen
Auch nach dem Spülen Geschirr abtrocknen
Sich nicht gleich vor den Bildschirm hocken

Gemeinsam könnte man dann erleben
Dass alle miteinander reden
Und zusammen die Freizeit nutzen
Wenn jeder ein wenig hilft beim putzen

Ein jeder hätte etwas davon …
Von Ferien in der Hauptsaison
Egal, ob segeln, wandern, schwimmen
Wenn alle können mitbestimmen

Und ist die Urlaubszeit vorbei
Fährt mit dem Auto man dann heim
Die Familienmitglieder zufrieden sind
Und die Zeit bis zum nächsten Urlaub
vergeht geschwind.

Ich helfe schon mal...

Familienwandertag

Vater, Mutter, Tochter und Sohn
Sitzen heut' beim Frühstück schon
Dabei woll'n sie sich beeilen
Am Horizont sieht man die Sonn' verweilen

'ne Wanderung steht auf dem Plan
Vater schaut die Route an
Zwischen Kaffee, Brötchen und Marmelade
Sieht er auf der Karte die Wanderpfade.

Den letzten Bissen gerade runtergeschluckt
Seinem Stuhl gibt er 'nen kräftigen Ruck
Mutter, Tochter, Sohn – sind noch nicht satt
Doch sie müssen folgen in leichtem Trab.

Wanderschuhe schnell geschnürt
Der Rucksack ist wohl präpariert
Nun Wanderstock und Fotoknips
Er schaut sich um – es fehlt wohl nix.

Dann geht's los mit schnellem Schritt
Mutter, Tochter und Sohn müssen mit
Ein Trost ... so denken die drei wohl schon
Bald gibt's die erste Jausenstation.

Doch, oh weh, eh sie dort angekommen
Vater hat eine Abkürzung genommen (!)
Auf einer Bank am Wegesrand
Gibt's aus dem Rucksack Proviant.

Dann treibt der Vater schon wieder zur Eile
Zwei Stempel fehlen ihm noch heute
Denn ihm ist wichtig, dass dokumentiert
Wo man heute lang marschiert.

Wer wandert ohne Fehl und Tadel
Der kriegt am End 'ne Wandernadel
Die drei denken, jeder für sich
Bei der nächsten Wanderung „kannste mich ..."

Drum prüfe, bevor vereint man wandert
Was ein jeder sich davon erwartet
Ein wenig Rücksicht von jedermann
So wird's ein schöner Wandertag dann!

Eine Thüringische Wildsau

Im Thüringer Wald war sie zu Haus
Kein Hausschwein – nee, 'ne wilde Sau
An Wurzeln und Eicheln fraß sie sich satt
Dann kam ein Jäger und schoss sie ab!

Der Jäger wähnte sich im Glück
Kam mit der Sau nach Haus zurück
Als seine Frau ihn damit sieht
Fragt sie: was willst Du mit dem ganzen Vieh?

Kein Problem sagt er zu ihr
Heide und Otto kommen nach hier
Da schneiden wir den Schinken raus
Den nehmen sie dann mit nach Haus.

Als beide daheim angekommen...
Das Telefon zur Hand genommen
Mit vier Freunden telefoniert
Und deshalb sind sie heute hier...

Wär' ich doch lieber im Wald geblieben...

Sie danken, dass man an sie gedacht
Zu zeigen, was man mit 'ner Thüringischen Wildsau macht
Das arme Tier ist ja nun tot
Doch sie haben ein leckeres Abendbrot!

Mit Klößen und Rotkraut, die Sauce gebunden,
Um das Festmahl abzurunden.
Der Rotwein, der dazu getrunken,
Ließ Augen, Sinne und Herzen funkeln!

Ein Stückchen Stoff

In jedem Haushalt, ob groß oder klein
Gibt es ein Tuch, klein aber fein
Verwendet in fast allen Lebenslagen
Und das schon seit Kindertagen

Häufig wird es auch vergessen
Den Ärmel nimmt man schon, stattdessen
Auch macht sich das Stückchen Stoff ganz gut
Wenn man Schweiß oder Tränen abwischen tut

Geht beim Essen mal was daneben
Mit dem Tuch lässt sich's schnell beheben
Und es ist auch schon geschehen
Dass ich jemanden den Staub vom Schuh hab' abwischen sehen

Die Brille kann man damit putzen
Zum drauf sitzen kann man's nutzen
Doch gelegentlich braucht man das Tuch
Wenn man sich die Nase putzen muss

Aus der Mode ist's gekommen
Papiertaschentücher werden heut genommen
Die nimmt man her für jeden Zweck
Nach dem Gebrauch wirft man sie weg

Leider sieht man nun in Feld und Flur
Gebrauchte Papiertaschentücher nur
Da lob' ich mir das Tuch aus Stoff
Ich hab's in jeder Hosentasche … noch.

Das Haar

Das Haar für den Mensch erst wichtig ist
Wenn er es auf dem Kopf vermisst
Dem Mann macht's (eigentlich) wenig aus
Doch für die Frau ist es ein Graus.

Sprießt dann das Haar in dem Gesicht
Gefällt es allen beiden nicht
Der Mann könnt' es vielleicht ertragen
Als Frau möchte man kein' Schnurrbart haben!

Dann gibt es noch – besonders schlimm
Das Haar in einer Suppe drin
Der Appetit ist gleich vergangen
Wie konnte es da rein gelangen?

Nur einen gibt es, der sich freut
Wenn Haare wachsen bei den Leut'
Er hat sich's zum Beruf gemacht
Das Haar zu schneiden – schnipp und schnapp!

Ein paar Spezies gibt es noch
Das Kopfhaar binden sie zum Zopf
Das Barthaar lassen sie sich wachsen
Vergessen beides meist zu waschen...

Doch käm' die Menschheit kahl zur Welt
Das sicher keinem wohl gefällt
Gut, sie brauchten nicht abzuwägen
Woll'n sie mit kurzem oder langem Haar leben

Die Moral von der Geschicht
Das Haar dem Mensch' gegeben ist
Ob wenig oder viel, ob kurz, ob lang...
Nur in der Suppe wollt'n wir's nicht hab'n....

Die Verführung

Vor den Toren einer großen Stadt
Steht ein riesiger Supermarkt
Dort gibt es alles, was man braucht
Und was man nicht braucht, gibt es auch!

Die Regale prall gefüllt
Der Mensch kann nehmen was er will
Die Ware grell verpackt und dann…
Weckt sie Begehrlichkeiten an.

An den Regalen eins, zwei, drei
Obst, Gemüse, oh wie fein
Von allem etwas in den Einkaufswagen
Dann weiter zu den nächsten Regalen.

Mehl und Zucker, Nudeln, Kaffee
Und dort auch noch die Gurken steh'n
Fleisch und Wurst aus dem nächsten Fach
Alles ist schon vorgepackt.

Auch Käse wohl portioniert
Rein in den Wagen – ungeniert
Zum Schluss noch etwas Salzgebäck
'ne Flasche Wein wär' auch ganz nett.

Nun ist der Einkaufswagen voll
Man langsam ihn zur Kasse rollt
Das tun noch viele andere Kunden
Man wartet jetzt 'ne halbe Stunde...

Als endlich alles ist bezahlt
Der Mensch es in der Tasche hat
Benötigt er 'nen zweiten Mann
Damit man's heimwärts tragen kann.

Zu Hause alles ausgepackt
Der arme Mensch nun fast verzagt
Hätt' er sich einen Einkaufszettel geschrieben
Die Hälfte wäre im Supermarkt liegen geblieben.

EINKAUFSZETTEL

2 Kg Kartoffeln
1/2 " Möhren
1 Kg Zwiebeln
1 Knoblauch
300 gr. Wurst / Käse
1 St. ger. mag. Speck
250 gr. Butter
1 Fl. Rotwein
1 Kasten Wasser
1 Brot
1 Ofenfr. Baguette

Der Einkaufszettel

Die Frau jetzt spricht zu ihrem Mann:
„Der Wochenendeinkauf steht nun an"
„Ich weiß", sagt der, hab' schon geseh'n
Vieles auf dem Zettel steh'n ..."

Da müssen wir mit dem Auto fahren
Das kann man gar nicht alles tragen
Als sie nun vor dem Laden steh'n
Die Frau will nach dem Zettel seh'n...

In jeder Tasche sieht sie nach
Vorhin hat sie ihn noch gehabt
Nur weil ihr Mann sie hat getrieben
Blieb er wohl in der Küche liegen

Und so marschieren sie drauf los
Durch Kaufhausreihen rigoros
Kartoffeln, Zwiebeln und Tomaten
Geräucherten Speck auch noch zum Braten

Wurst und Käse, frische Ware
Milch, Kaffee und Schokolade
Brot und eine Fernsehzeitung
Dann gibt's die Rechnung zur Begleichung

Als sie zuhause angekommen
Alles aus den Taschen genommen
Den Einkaufszettel wieder entdeckt
Merken sie, dass doch was fehlt

Der Kasten Wasser, Puderzucker
Die Margarine und die Butter
Auch ein paar Plätzchen wollten sie kaufen,
Jetzt müssen sie noch einmal laufen

Der Mann nun tröstet seine Frau
Ich halt dann schnell alleine lauf...
Nehm' auch den Einkaufszettel mit
Der dort auf dem Tische liegt.

Schnell musste er den Kopf einziehen,
Eine Zwiebel lernte fliegen:
„Hättest Du mich nicht getrieben,
So blieb der Zettel auch nicht liegen ...!"

Die Sprühdose

Es begab sich zu einer Zeit,
Als es Einbrüche gab, weit und breit,
Da wurde vorgesorgt, na klar,
Türen und Fenster – abschließbar!

Die Schlüssel aber, fein und zart,
Drehten sich nun Tag für Tag,
Denn die Wohnung muss man lüften,
Befrei'n von unangenehmen Düften.

Und so geschah es an einem Tag,
Der Schlüssel im Schloss sich nicht drehen mag,
Offen lassen – das ginge nicht,
Beim Vermieter lieh man sich Graphit…

…um das Problem zu lösen,
Sprüht man's in des Schlüssels Ösen,
Doch oh Schreck ,
Die Düse sich nicht drücken lässt.

Der gute Mann läuft schnell zurück,
Sagt, er hat gedrückt – gedrückt,
Doch nichts bewegt sich aus der Flasche,
Der Vermieter grinst … und sagt:
„Ich würd' den Deckel mal abmachen!"

Da mussten beide furchtbar lachen,
Der Mann ging nun die Schlösser gängig zu machen,
Den Deckel ab – ins Schloss gesprüht,
Der Schlüssel dreht sich ... wie verrückt.

Er kann das Haus wieder verlassen, unverdrossen,
Denn es ist alles abgeschlossen,
Für's nächste Mal weiß er Bescheid,
Die Sprühdose man erst vom Deckel befreit!

Ohne Daten geht nichts

Wenn ein Menschlein erst geboren,
Ist es dazu auserkoren,
Die Daten seines jungen Lebens
An Behörden abzugeben.

Das Gemeine ist daran,
Dass er sich noch nicht wehren kann,
Geh'n doch die Eltern einfach hin
Und entscheiden für das Kind.

Die Jahre gehen nun ins Land,
Dann führt 'ne kleine Kinderhand
Den Stift auf einem Formular
Und liefert neue Daten (selber) ab – na klar!

Ob für die Schule oder Lehre
Für ein Konto es von Vorteil wäre,
Der Führerschein ist ohne Daten
Sowieso mal nicht zu haben.

Macht man 'ne Reise, baut ein Haus,
Man kommt nicht ohne Daten aus.
Bei Heirat ist's besonders schlimm,
Auch die Elterndaten muss man bring'n.

Wird ein Kind dann erst geboren,
Macht man sich von neuem Sorgen,
Für sein Kind muss man entscheiden,
Die Daten an Behörden schreiben.

Wenn man dann alt ist und ein Greis,
Schließt sich nun der Datenkreis,
Doch auf die Daten der nächsten Generation
Warten die Behörden schon.

Wann geboren, welch' Gewicht,
Die Blutgruppe – halt! vergiss sie nicht,
Die Größe und, ob Tochter oder Sohn
So beginnt der neue Kreislauf schon.

Zerbrochen

Das Glas, das auf die Erde fällt,
Mit einem Klirren es zerschellt,
Die Tasse, ganz aus Porzellan,
Ereilt das gleiche Schicksal dann

Auch rollt der Bleistift mal vom Tisch,
Überlebt die Mine darin nicht
Und fällt ein Stein aus großer Höhe,
Auf der Erde zerbricht er mit Getöse

Läuft ein Tanker auf ein Riff,
Er mit Sicherheit zerbricht,
Ein Kabel, das man öfter knickt,
Macht das auch nicht lange mit

Ist man nicht ehrlich in der Partnerschaft,
Zerbricht irgendwann der Ehepakt;
Denn – Lügen haben kurze Beine,
Da hilft kein Zetern und kein Weinen

In unserer Welt wird viel Porzellan zerbrochen,
Fast alle Menschen auf Frieden hoffen,
Doch – solange Fabriken Waffen herstellen,
Wird in irgendeiner Ecke etwas zerschellen

Drum merke, geh' vorsichtig um mit Allem,
Dann werden die Dinge lange halten,
Und – die nächste Generation braucht sich nicht zu beklagen,
Über das, was wir alles zerbrochen haben.

Urlaub – jeder freute sich auf den Jahresurlaub und dann... kam Corona; machte uns allen einen heftigen Strich durch die Rechnung. Was uns blieb? Träume und Erinnerungen – ist doch auch schön ...!

Urlaubsplanung

Beliebte Themen sind weltweit
Die Urlaubs- und die Reisezeit
Das Problem, das wir dann haben
Fahr'n wir mit der Bahn oder dem Wagen.

Entscheidung: *für* die Eisenbahn
Stellt sich gleich die Frage dann
So viel Gepäck ... wer bringt mich hin?
Ob auch die Züge pünktlich sind?

Eine Überlegung ist es wert
Ob man nicht doch mit dem Auto fährt
Viel Platz ist für's Gepäck im Wagen
Man bestimmt selbst die Zeit auch, abzufahren.

Dann gibt's noch die Alternative
Man könnte mit dem Flugzeug fliegen
Doch auch da gibt's ein Problem
Man darf nicht so viel Gepäck mitnehm'.

Die Zeit, die man einplanen muss
Vor und nach dem kurzen (!?) Flug
Viele Fragen, die uns bleiben
Bis wir endlich können verreisen.

Doch irgendwann wird dann entschieden
Nicht mit der Bahn und auch nicht fliegen
Mit dem Auto von Tür zu Tür
Darüber freuen sich *er* und *sie* und *wir*...

Wie man sich schon denken kann
Ging die Fahrt über die Autobahn
Baustellen und mehrere Staus
Sogar 'nen Unfall sahen sie auch.

Dann macht sich der Gedanke breit
Ob das Transportmittel richtig gewählt sei
Aber man muss sich ja entscheiden
Oder – gleich zu Hause bleiben.

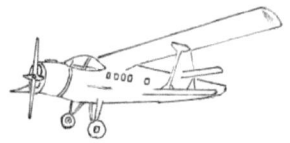 

...und was nehmen wir jetzt?

Jahresurlaub

Drei Wochen Urlaub von daheim
Einmal im Jahr muss das so sein
Ob Italien, Spanien oder Bayern
So lässt sich die Energie erneuern

Ist man dann am Urlaubsziel
Man natürlich dokumentieren will
Wo man überall Station gemacht
Kauft also Ansichtskarten jeden Tag

Mit Informationen vom schönen Wetter
Die Unterkunft ist zum Vorjahr noch besser
Und erst Getränke sowie Speisen
Preiswerter als zu Haus – die Preise

Bekanntschaften werden auch geschlossen
Mit ihnen so manches Bier genossen
Man wird sich nach dem Urlaub schreiben
Und somit in Verbindung bleiben

In drei Wochen wurde so Energie geladen
Enger wurden Hose, Hemd und Kragen
Ein ganzes Jahr zehrt man davon
Und freut sich auf den nächsten Urlaub schon.

Große Ferien

Die schönste Zeit für ein Kind im Jahr
War die, wenn es Sommerferien gab.
Sechs Wochen keine Bücher,
Auch mancher Lehrer war einem über.

Wenn man dann einen Onkel hat,
Der auf dem Land lebt, nicht in der Stadt...
Dann ist das Glück schon fast vollkommen,
Wenn er sagt: du bist in den Ferien willkommen.

Schon die Fahrt ein Riesenspaß,
Man doch zum ersten Mal in der Eisenbahn saß.
Mit einem Traktor – riesengroß,
Ging es dann vom Bahnhof bis zum Hof.

Was gab es da nicht alles zu sehen,
Ferkel, Kälbchen und Ziegen in den Ställen stehen.
Auf dem Hof kratzen Hühner; und Enten gab's auch,
Der Hund an der Kette passte auf alles gut auf.

Ich lernte, für alle Futter zu bereiten
Und durfte den Onkel zum Mähen begleiten.
Was sind da sechs Wochen, wenn so viel zu sehen,
Am liebsten würde ich nicht mehr zur Schule gehen!

Eine Wanderung

Durchs Kaisertal der Wildbach rauscht
Ein Wanderer bleibt stehn und lauscht
Sieht eine Amsel, die putzt ihr Gefieder
Taucht es ins Wasser, immer wieder.

Ein Buchfink pfeift nach seiner Braut
Der Wanderer zum Baumwipfel schaut
Eine Schnecke nutzt die Gelegenheit
Macht Platz – denn sie ist ja gescheit!

Immerhin könnt' es auch sein…
Der Wanderer tritt ihr Häuschen ein
Nach weiteren Schritten betört ihn ein zarter Duft
Hunderte Maiglöckchen blühen in einer Schlucht

Er bewundert Kornblumen – sogar einen Enzian
Dessen Farbe hat es ihm angetan
Er denkt, *was ist der Mensch gegen die Natur*
Die soviel Schönes bringt hervor

Billigflug

Es wollt ein Mann in Urlaub fliegen
Und einen Schreck wollt' er nicht kriegen
Wenn er den Preis dann hört – oh je
Und sieht das Loch im Portemonnaie
            (sprich: Portmonee)

Er nahm einen weiten Weg in Kauf
Denn er flog mit Familie, wie es Brauch
Ein Vorteil wär's – so dachte er
Das Gepäck aufzugeben am Tag vorher

Hurra! hörte man ihn öfter rufen
Ein Tag, Verwandte zu besuchen
Um dann nur mit dem Handgepäck
Am nächsten Tag rasch eingecheckt

Pünktlich war er dann zur Stelle
Da krächzte es aus dem Lautsprecher helle
Verspätung hätte die Maschine
Ein technischer Defekt – so eine Misere

Stunde um Stunde wartete er
Bis kommt ein freundlicher Steward daher
„Ihr Gepäck steht wieder abholbereit –
Von hier fliegt Ihre Maschine nicht mehr heut…"

Mit einem Bus zum nächsten Airport gefahren
Dort wurden sie und die Koffer wieder verladen
Bis die Maschine wirklich hebt ab
… fünf Stunden hat er Zeit gehabt

Wär' er nur nicht so weit gefahren
Einen ganzen Tag hätt' er können sparen
Und viel Unbill noch dazu
Die Reise in schlechter Erinnerung bleibt nun

Vor allem überlegt er sich
Wär' von 'nem näheren Airport geflogen ich
Das Gepäck kurz vorher aufgegeben
Hätte der Flieger können pünktlich abheben

Von Düsseldorf nach Bulgarien sollt' sie fliegen
Mit defektem Pilotensitz blieb sie liegen....

Natürlich gab es kein' Ersatz
Mit dem Bus nach Köln – der hat's...

Wieder wurden sie eingecheckt...
Sieben Stunden Verspätung –
doch dann lief es perfekt!

Das Zwiegespräch

Die Frau zu ihrem Manne sagt
Wir machen heut' 'ne Tour mit dem Rad
Man soll das schöne Wetter nutzen
Um die Lungen durchzupusten

Der Mann fragt seine Frau zurück
Wo soll's denn hingehen mit dem guten Stück?
Nach Köln – immer längs des Rheins
Oder lädt uns das Bergische ein?

Die erwidert: Du bist nicht gescheit ...
Die erste Tour und dann so weit!
Weich gesessen den ganzen Winter
Das nimmt er übel – unser Hintern!

Na gut, spricht da der liebe Mann
Fangen wir mit einer halben Stunde an
Fahren wir bis zum nächsten Ort
Und machen Pause – ein Eis gibt's dort!

Einverstanden! So wird's gemacht
Beide schwingen sich auf's Rad
Genießen auf der ersten Tour
In guter Luft die freie Natur.

Die Fahrt bleibt nicht die reine Freude
Denn scheinbar hatten viele Leute
Bei diesem Wetter die gleiche Idee
So war der Radweg voll – oh weh!

Am gesteckten Ziel dann ankommen
Hätt's ihnen bald die Luft genommen
Dreißig Leute schleckten Eis
Ausverkauft – sie kriegten keins!

So fuhren sie nach Haus zurück
Mit einen Kaffee trösteten sie sich
Und hofften, bei der nächsten Fahrt
– auf Eis, wenn man mal Pause macht!

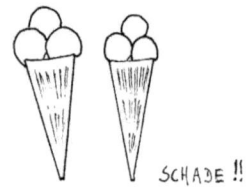

SCHADE !!

Heidespaziergang

Zwei Wanderer gehen Hand in Hand
Durch das schöne Heideland.
Ein Hütchen und ein Wanderstab,
Auch Wanderschuhe an man hat.

... und weil keine Hand mehr frei,
Hängt der Fotoapparat am Hals dabei.
Der Nachwelt soll erhalten bleiben,
Was gesehen und erlebt die Beiden.

Das Wetter ist heut' ideal,
Nicht zu warm und nicht zu kalt;
Plötzlich hören sie es rascheln,
Sie bleiben stehen –
Doch nichts ist auszumachen.

Eine Blindschleiche könnte es gewesen sein,
Die sich schlängelt ins Unterholz rein.
Und dann, welch' toller Augenblick,
Zwei Rehe wechseln flugs in's Dickicht.

Eine kleine Weile bleiben sie stehen,
Um den Tieren nachzusehen.
Weiter geht es auf dem Weg
Bis laut es klopft, doch nichts ist zu sehen.

Dann haben ihre Augen ihn entdeckt,
Am hohlen Baum, den bunten Specht.
Als die beiden näher kommen,
Hat auch er leider Reißaus genommen.

Woher sollen auch die Tiere wissen,
Hier sind zwei Menschen, die *nicht* schießen!
Sie treffen noch den Schäfer mit seiner Herde,
Es sind Heidschnucken, sagt der belehrend.

Kurz bevor die Wanderung zu Ende geht,
Flitzt noch ein Eichhörnchen über den Weg.
Sie schauen sich an – ein schöner Tag,
Und morgen sie wieder der Alltag hat.

Geburtstagsgedicht für *runde*

Die Null allein ist nur 'ne Zahl
Von vorn, von hinten gelesen – ganz egal
Doch wehe, wenn sie sich mit einer anderen Zahl verbindet
Und sich die Null auch noch hinten befindet …
Dann bestimmt die an erster Stelle
Wie die Jahre vergehen auf die Schnelle
Die Zahlen verändern ihr Gesicht
Bis es eines Tages die *sechzig, siebzig, achtzig* ist …

Um den Alltag hinter sich zu lassen, gibt es immer einen Anlass und da heißt es: einfach mal **feiern und genießen** *…*

Sechzigster Geburtstag

Plötzlich ist man eingeladen,
Denn sechzig wird man nicht alle Tage
Da muss man sich Gedanken machen,
Man weiß, er hat schon viele Sachen.

Nun wird das Hirn recht angestrengt,
Was man dem jungen Mann zum 60sten schenkt
Lesen, weiß man, ist nicht seine Passion,
Fast alle Musik-Kassetten hat er schon!

Man weiß auch, er isst gern Süßigkeiten,
Da könnte man ihm eine Freude bereiten,
Doch nein – das könnte er sich selber kaufen,
Man überlegt … es ist zum Haare raufen.

Plötzlich, bei einem Gläschen Wein,
Fiel den Schenkenden *die* Lösung ein:
Sechzig €uro – einzeln verpackt …
Gemischt mit Mon Cherie in eine Dose gebracht.

Sie freuten sich schon auf das Gesicht …
Zum 60sten (!) als Geschenk Mon Cherie?
Doch als die Gäste alle gegangen,
Begann er seine Geschenke auszupacken.

Die Dose besah er sich zum Schluss
Und glaubte nicht, was er da sehen muss,
Lauter kleine Päckchen – sechzig an der Zahl
Und als alle ausgepackt …
Er um sechzig €uro reicher war!

Der Genießer

Ein Stück Schokolade zum Kaffee
Einen Keks zum schwarzen Tee
Beides wird noch viel mehr fein
Gibt man ein wenig Sahne rein

Ein Stückchen Käse zum guten Wein
Zum Bier muss es 'ne Brezel sein
Wenn beides dann gut temperiert
Im rechten Glas schmeckt's garantiert

Wem doch dann alles nicht so schmeckt
Hat Hochprozentiges für sich entdeckt
Doch trinken sollt' man es mit Stil
Schnell hat man ein Glas zuviel

Dann müsste man zu Wasser greifen
Um einen Ausgleich zu erreichen
Auch einen Saft aus reifer Frucht
Der Gesundheit Gutes tut

Der Getränke gibt's noch viele
Mit und ohne die Promille
Auf den Zeitpunkt kommt es an
Damit man es genießen kann.

Ein Getränk bitte!

Ein Kölner, der was auf sich hält,
Sich im Lokal ein *Kölsch* bestellt.
Doch weil das Glas nur hat „0,2",
Bestellt man halt noch eins oder zwei...

Wer in Düsseldorf ins Wirtshaus geht,
Dem wird ein *Altbier* ausgeschenkt;
Auch dieser Gast schwört auf das Getränk,
Ihm ist's egal, was der Fremde denkt...

In München lacht man über Mini-Gläser,
Da muss *a hoalbe* Weißbier her;
Auch vorteilhaft ist's, er trinkt zwei Bier,
Die Anderen brauchen fünf dafür...

Doch kommt man in ein Lokal in Baden,
Da ist *ein Viertele* oder ein *Schoppen* zu haben;
Denn Bier kommt selten auf den Tisch,
Ein Wein den Gast hier mehr erfrischt...

Zum Schluss, da gibt's ein Berliner Phänomen,
Hier heißt es: *'ne Weiße mit Schuss* für jeden;
Doch egal – ob Kölsch, Wein, Weizen oder Alt,
Zu viel davon, macht vorm Betrunken sein nicht halt!

Erinnerung an die Sammeltasse

Denkt man fünfzig Jahr' zurück
Da war *ich* das schönste Stück
Stand hinter Glas im Wohnzimmerschrank
War rundherum ganz blitze-blank

Am Anfang stand ich ganz allein
Mein Rosendekor war gar fein
Sogar einen Goldrand hatte ich
Kam nur sonntags auf den Tisch

Doch weil sich 'ne Zweite dazu gesellt
Werd' ich zum Kaffee hingestellt
Und gefüllt mit duftendem Getränk
Der seltene Bohnenkaffee wurde eingeschenkt

Viel Geschwister kamen im Laufe der Jahre dazu
Zierten die Kaffeetafel zu der Hausfrau Ruhm
Gäste staunten über diese Pracht
Wenn dazu Streuselkuchen und Sahne gebracht

Es ist sicher nicht schwer zu erraten
Von wem hier diese Zeilen sprachen
Sammeltassen wurden wir genannt
Jede Familie in den Fünfzigern hat sie gekannt

Heute stehen auf der Kaffeetafel
Tassen und Teller wie Zinnsoldaten
Einheitlich in Form und Farbton
uns hat man einfach abgeschob'n

Wer uns heut noch liebt und nach uns fahndet
Auf Trödelmärkten sind wir gelandet
Dabei war es eine schöne Zeit…
Als Geschenk sind wir von Familie zu Familie geeilt.

Kaffeezeit

Der alte Herr in dem Café
Hat Haare schon so weiß wie Schnee
Ein flottes Mädchen kommt herbei
Und fragt, was denn sein Wunsch wohl sei

Als der Mann das Mädchen sieht
Ein Lächeln erhellt da sein Gesicht
Er bestellt sich einen Kaffee
Und ein Stück Kuchen – am liebsten Baisir (Bezee)

Als beides auf dem Tisch dann steht
Das Mädchen sich zur Theke dreht
Lächelt er wieder und denkt sich so
Tolle Figur vom Kopf bis zum Po...

Er denkt an seine Jugendzeit
Als so ein Mädchen er gefreit
Mit ihm ging sie durch dick und dünn
Der Herrgott nahm sie zu sich hin

So bleibt ihm nur, sich ins Café zu setzen
Ein schönes Stückchen Kuchen zu essen
Dabei die Blicke schweifen zu lassen
Um von jungen Mädchen einen Blick zu erhaschen!

Der Nudelauflauf

Wenn die Tür vom Kühlschrank aufgeht,
Ein unangenehmer Geruch uns entgegen weht...
Eine Schale mit Kaffeepulver soll da helfen mitunter,

Es vergehen zwei Tage...
Den Kaffee riecht man, keine Frage;
Es wird alles ausgeräumt,
Gereinigt und auch nicht versäumt,
An jedem Produkt einmal zu riechen,
Die Ursache ist nicht zu finden.

Am Tag darauf steht auf dem Speiseplan:
Nudelauflauf soll es geben dann,
Dazu gehört auch ein Ei ... oder zwei
Aus der Küche kommt ein lauter Schrei:

„Mensch, das stinkt ja wie die Pest,
Das letzte Ei – es war wohl schlecht",
Der Appetit, der ist dahin und –
Man zum Essen ist die Gaststätte ging!

Das Gastgeschenk

Es war so um die Weihnachtszeit
In der viele Menschen sind bereit
Auch einmal an Andere zu denken
Sie zu besuchen und zu beschenken

Der Eine kauft 'ne Blume und überlegt
Ob sie die Kälte wohl überlebt
Der Nächste denkt, eine gute Flasche Wein
Könnte das perfekte Gastgeschenk sein

Ein Dritter hat eine besondere Idee
Schenkt Honig und auch einen Tee
Darüber sich der Gastgeber freut
Denn das ist gut – in der Winterzeit

Ist die Besuchszeit dann zu Ende
Freundlich reicht man sich die Hände
Bedankt sich für das, was mitgebracht
Und sich gleich ans Auspacken macht

Auf der Tüte geschrieben steht
Tee, der wärmt und es einem wohl ergeht
Akazienhonig, ist dort auch zu lesen
Als Bio-Honig aus Rumänien

Jetzt überlegt er und kommt zum Schluss
Was da steht, das ist doch Stuss
Wie haben die das nur hingekriegt
Dass die Biene nur bis zur Akazie fliegt

Ein Geistesblitz und ihm fällt ein
Genmanipuliert, das könnte sein
So sie nichts anderes mehr kennen
Und nur noch am Akazien-Nektar hängen

Dann nimmt er etwas Tee aus der Tüte
Mit heißem Wasser er ihn aufbrühte
Einen Löffel voll Honig lässt er hinein sinken
Um ihn dann mit Genuss zu trinken

Als irgendwann die Tasse leer
Tee und Honig schmeckten sehr
Egal, denkt er … ob mit Genen oder ohne
Ich geh' mir noch eine Portion holen.

Kerzenschein

Der Mensch schaut, wenn es ist Advent,
Schon die erste Kerze brennt,
Am Tannenbaum dann viele mehr,
Er lächelt – es erfreut ihn sehr.

Aber eigentlich, so denkt er noch,
Brennt nicht die Kerz', sondern der Docht,
Doch nur weil der in Wachs gegossen,
Brennt am Stück, was oben offen …

So ist es wie in einer Ehe,
Einer allein recht alt aussähe,
Erst wenn zwei Menschen sich ergänzen,
Können sie als Einheit glänzen.

So macht eine Glocke auch keinen Sinn,
Ist da nicht ein Klöppel drin,
Der mit Schwüngen an die Wand,
Erst den richtigen Ton erfand.

Halloween und Erntedank…

Das Bäuerlein rauft sich die Haare
Wo soll ich hin mit all' der Ware
Zum Wachsen war's wohl gutes Wetter
Sogar die Schweine wurden fetter

Da kam ihm eine geniale Idee
Wie er verkaufen könnte den letzten Porree
In der Zeitung gab er 'ne Anzeige auf
Ab Hof er alles für eine Suppe verkauft

Ich lese das und denke mir
Da gehst du hin, das kaufst du dir
Kohlrabi, Lauch und auch die Möhren
Erbsen, Bohnen, Zwiebeln da hinein gehören

Kartoffeln, Wurst und etwas Knoblauch
Ein wenig Speck, den brauch ich auch
Gewürze und ein bisschen Sahne
Die ich schon zuhause habe

Das und mehr… mit viel Liebe gemischt
Wurde von mir nun aufgetischt
Wenn's allen, die geladen, nun auch noch schmeckt
War die Zusammenstellung glatt perfekt

Schenken ja – aber mit Bedacht!

Kleine Geschenke erhalten die Freundschaft
Wenn man das *Richtige* mitgebracht
Gelegenheiten gibt's in Massen
Jemandem etwas zu überlassen!

'ne Krawatte … Motiv *Hirsch*
Man weiß, der Mann geht auf die Pirsch
Dem Nächsten, der mal Bergmann war
Schenkt man 'ne Grubenlampe gar

Für den Nachbarn; der Geburtstag hat
Hat man den Gartenzwerg parat
Namenstag hat die Cousine
Sie kriegt für die Küche 'ne Maschine

Dem Onkel, der auf Wanderschaft
Schenkt man zum Jubiläum einen Rucksack
Eine Spieluhr mit schönem Geläut
Meine Großmutter wär' sicher erfreut

Dem Enkel man eine Freude macht
Hat man 'nen Fußball mitgebracht
Auch muss man nicht lange überlegen
Für das Mädchen darf eine Puppe nicht fehlen

All diese Dinge schenkt man ungefragt
Und weiß nicht, ob's der Beschenkte mag
Ob nicht all die schönen Dinge
Sich schon in seinem Besitz befinden

Er wird sie in 'ner Ecke horten
Dann weiter verschenken an anderen Orten
Ein paar Vorschläge könnt' ich machen
Wie man verschenken kann sinnvolle Sachen

Für Kinder, Mädchen oder Jung'
Eine Ausbildungsversicherung
Oder Onkel, Cousine, Tante
Einen Gutschein mal für's Tanken

Was sich ganz sicher recht gut macht
Hat man eine Einladung zum Speisen mitgebracht
Dem Nachbarn als Geschenk die Hecke schneiden
Damit er mit seiner Frau mal kann verreisen

Die Mutter kriegt einen Gutschein zum Friseur
Ein Präsentkorb wär' auch kein Malheur
Und fällt einem gar nichts mehr ein
Das Sparschwein freut sich über jeden Schein!

Auf Euer Wohl…!

Es trifft sich die Merkurianer Schar
In der Kölner Altstadt vielmals im Jahr
Im November stand das nächste Treffen an
Zum Neumarkt ging's – auf in den „Jan"

Ingrid war's, die gute Seele
Bestellte dort mit rauer Kehle
Für zwanzig Leute, die zugesagt
Plätze in der Gastwirtschaft

Es kamen nur elf, der Wirt war sauer
Er fragt, wie lange es noch dauert
Andere Gäste müssten stehen
Obwohl sie neun leere Stühle sehen

Alles warten half nicht mehr
Die Stühle blieben weiter leer
Als dann neue Gäste kommen
Haben sie die in Beschlag genommen

Die Bedienung, die dann kam
Und die Essenbestellung aufnahm
Ärgerte sich wohl auch – und das Ergebnis:
Einer wartete aufs Essen vergebens

Es angeblich vergessen war
Nach einer halben Stunde kam es nach
Ein Erlebnis der besonderen Art… dann war
Als die Verdauungsrunde kam

Der Wirt ärgerte sich wohl noch im Stillen
Vergaß ein Glas mit Schnaps zu füllen
Und wer bekam das leere Glas –
Der, der schon vor einem leeren Teller saß!

Merke, wer dem Wirt das Geschäft versaut
Der badet es am Ende aus
Doch, wie es in der Welt meist ist…
Es oftmals nur die Falschen trifft

Geburtstagsparty im August

Belinda lädt zur Party ein
Und hofft – na klar – auf Sonnenschein
Der Vormittag lässt sich gut an
Blauer Himmel, soweit man sehen kann

Doch dann, es ist so gegen drei
Dunkle Wolken ziehen herbei
Und eh Belinda sich versieht
Es ein kräftiges Gewitter gibt

Ob das was zu bedeuten hat
War sie vielleicht heut' nicht ganz brav
Nein, Petrus überlegt es sich
Das Gewitter hält sich nicht

Die Sonne kommt langsam hervor
Und trocknet ab, was nass zuvor
Die Gartenparty kann nun steigen
Die Gäste sich zufrieden zeigen

Obwohl sie alle vorsichtig waren
Und einen großen Schirm mithaben
Man weiß ja nie, was noch passiert
Falls die Sonne das Duell verliert

Als die Party dann beginnt
Ein Regenschauer übers Zeltdach rinnt
Der Grillmeister muss sich bemüh'n
Dass ihm die Kohlen nicht verglüh'n

Der Stimmung schadet das gar nicht
Auch wenn die nächste Wolke schon in Sicht
Getränke und Speisen gibt's in Massen
Der Tisch fürs Buffet kann es kaum fassen

Die ersten Gäste gehen um zehn nach Haus
Die Lichter gehen noch lange nicht aus
Denn keiner musste alleine stehen
Man konnte jeder mit jedem sich unterhalten sehen

Wer die Wahl hat...

Als Getränk, das ist doch klar
Dem Rheinländer das Kölsch gut war
Und es ihn immer traurig stimmt
Muss er verreisen mal geschwind!

Denn dort, wohin er fahren muss
Gibt es „nur" Wein als Hochgenuss
Doch um Freunde nicht zu kränken
Lässt er sich den Wein einschenken.

Dann kommt der große Augenblick...
Er an seinem Glase nippt
Prüft mit Zunge und mit Gaumen
Ob dem Getränk wohl ist zu trauen.

Nanu, denkt er, was ist denn das
Es schmeckt sogar, das edle Nass
Einen größeren Schluck – schnell hinterher
Er schaut verdutzt... das Glas ist leer.

Kein Problem, der Freund schenkt nach
So sitzen sie die halbe Nacht
Um zwei geht es dann ab ins Bett
Als er dann liegt – sich alles dreht!

Am Morgen dann, oh weh – oh weh
Sein Kopf, der tut ihm gar so weh
Ohne Frühstück, mit Brühe und Aspirin
Meint er, so kriegt er's wieder hin.

Im Stillen dann, hat er gedacht
Hätt' ich dies Spiel bloß nicht mitgemacht
Statt den Wein fein zu genießen
Ihn wie ein Kölsch herunter zu gießen.

In Zukunft wird er gegen den Durst
Ein Bierchen nehmen sich zur Brust
Doch möchte er einen besinnlichen Abend verleben
Wird er einen trockenen Roten heben.

Und die Moral von diesem Reim
Ob Wasser, Bier oder auch Wein
Ein jeder soll für sich entscheiden
Was er trinkt von diesen Dreien.

Tja - und nu...?

Glück gehabt!

Zum Weihnachtsfest geht's in den Wald,
'nen Tannenbaum, den braucht man halt.
Da steht er schon, ganz grad' gewachsen,
Sein Nachbar recht dünn, der hat gut lachen.

Die Tradition in der Familie verlangt's,
Her muss eine Weihnachtsgans;
Auf dem Bauernhof woll'n wir sie lebendig kaufen,
Die „Gans im Glück" – sie ging uns laufen!

Als nächstes geht's ins Fischgeschäft,
Man dort bis zum Verkauf die Fische schwimmen lässt.
Aus dem Becken schaut ein Karpfen traurig drein,
Wir lassen ihn leben und gehen ohne ihn heim!

Doch jetzt hat die Familie ein Problem;
Was soll zu essen auf dem Tische steh'n?
Es gibt zum Glück ein nettes Lokal,
Und wir essen zum Fest eine Pizza mal.

Der Wirt kommt fragend auf seine Gäste zu,
Keine Gans, keinen Karpfen – was nun?
Schnell ist ihm die Geschichte erzählt,
Er freut sich, dass sie sein Lokal ausgewählt.

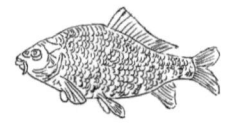

Wochenende

Freitagabend – Hans war danach
Kehrt er ein beim Unkelbach
Gutes Essen wollt' er genießen
Am frischen Kölsch auch nicht nur riechen

Weil's zwar bewölkt, aber schön warm
Steuert er den Biergarten an
Die ersten Kölsch ließ er sich schmecken
Um dann ans Speisen mal zu denken

Der Köbes bringt ihm eine Karte
In der stehen viele leckere Sachen
Und er bestellt, was es daheim nicht gibt
Sülze und Bratkartoffeln – er über alles liebt

Alsbald, die Speise wird serviert
Hans isst nun hier ganz ungeniert
Ungemach droht, er achtet nicht drauf
Dunkle Wolken machen die Schleusen auf

Schnell die ersten Tropfen ins Bierglas fallen
Und wie dem Hans, so geht es allen
Besteck und Teller sowie das Glas
Auch er wird nun bald klitschenass

Obwohl der Rest des Essens mit Wasser versaut
Er rennt damit ins trockene Haus
Erst trocknet er sich ab und dann
Zum Ersatz bestellt er 'nen halven Hahn*

Er sinniert, was hab ich falsch gemacht
Dass Petrus mich so bös' bedacht
Ihm fällt da nichts Gescheites ein
Und denkt: Nass bin ich ja nicht allein

Man sagte doch im Wetterbericht
Wolken ja, aber Regen nicht
Als Optimist hat er's geglaubt
Zum Dank das Essen ihm versaut

Ein weiteres Stündchen und Hans bezahlt
Tritt aus dem Haus – die Sonne strahlt
Nichts mehr zu sehen, die Straße trocken
Erinnern tun ihn nur seine nassen Klamotten

Der halve Hahn ist in Köln kein halbes Hähnchen, sondern
ein Roggenbrötchen mit Altem Holländer Käse

Ist das traurig!

Im Gasthaus sitzt ein kleiner Mann
Schaut traurig auf sein Bierglas dann
Er zögert – kann sich nicht entschließen
Es in seinen Schlund zu gießen

Da stellt sich nun, man glaubt es kaum
Daneben hin ein Mann wie ein Baum
Schnappt sich das volle Bierglas dann
Durch die Kehle rann es dem Mann …

Jetzt fängt der Kleine an zu weinen
Der Große sagt: „Was soll das Greinen?"
Wegen eines Bieres – so ein Theater
„Herr Wirt, ein Frisches – ich zahl das", sagt er…

„Darum geht's gar nicht", der Kleine spricht
„Ich hab' Probleme; du glaubst es nicht…
Heut morgen verlässt mich meine Frau
Räumt 's Konto leer und auch das Haus…

… die Firma hat mir einen Tritt gegeben
Danach wollt' ich nicht mehr leben
Legte mich auf ein Gleis der Bahn
Die Weiche machte klick – der Zug ist an mir vorbei gefahr'n

Kaufte mir einen dicken Strick
Hängen wollt' ich am Genick
Der Haken reißt dann aus der Decke
Da geh' ich in die Kneipe an der Ecke

Kauf mir von meinem letzten Geld
Ein Bier, das mir der Wirt hinstellt
Ich kipp hinein 'ne Tüte Gift
Du kommst – ein Griff …
Du trinkst es gierig … schaurig! …
                ist das nicht traurig?"

Nachbarn - man hat sie; manchmal sind sie nett,
manchmal nervig …aber meistens lässt es sich mit
ihnen leben
Man muss natürlich auch ein bisschen wollen!

Im Treppenhaus

Wenn wir in den Keller geh'n
Und die Großfamilie sehen...
Fragt man sich, wie das wohl geht,
Wo Affe neben Schlange steht!

Beim Tukan und dem dicken Huhn,
Da weiß man, dass sie sich nichts tun!

Doch der Bär dort in der Mitt',
Mit zwei Mäusen sind sie zu dritt.
Doch wehe, wenn der Bär mal fällt,
Dann ist's um die Mäuse schlecht bestellt.
Und die Frösche klein und zierlich,
Machen sich doch recht possierlich.

Aus der Ecke auf einer Pflanze,
Blickt die *EVA* auf das Ganze.

Nun – mit ein wenig Phantasie...
Stellt man sich vor, dass leben sie;
So könnten sie, ob groß – ob klein,
Moderne Heinzelmännchen sein!

Und wären sie mal aktiviert,
Lief's Treppe putzen wie geschmiert.
Doch bestimmt würde es jemand hören
Und die guten Geister stören.

Sie würden dann das Weite suchen
Und wir in aller Stille fluchen,
Also lassen wir die Figuren so steh'n
Und freuen uns, wenn wir vorüber gehen!

..., wenn man aus dem Fenster guckt, sieht man ...

Elstern im Baum

Ein Elsternpaar im Ahorn sitzt,
Hat lose Ästchen schnell stibitzt,
Dann sieht man sie zum Nachbarn fliegen,
Auf einem Ast lassen sie sich nieder.

Dort hocken sie nun auf der Spitze,
Ein Nest zu bauen, in dem sie später sitzen,
Vermutlich werden sie sich lieben,
Und viele kleine Elstern kriegen.

Doch muss man sie vielleicht bedauern,
Bei jedem Wetter im Nest zu kauern,
Ein Dach ist da nicht vorgesehen,
Der Mensch schaut zu und …
Kann das nicht verstehen.

Die gute Tat

Ein Apfelbaum im Garten stand
Goldgelbe Äpfel waren dran
Die Äste bis zur Erde ragen
Gar viele Früchte musst' er tragen

Dem Nachbarjungen tat er leid
Leicht könnte abbrechen so ein Zweig
Hin und her überlegt er nun
Was könnt' er dem Baume Gutes tun…

Man müsste in einer stillen Stunde
Einmal den Apfelbaum umrunden
Und ruckzuck von jedem Ast
Befreien ihn von dieser Last

Das Dumme nur – um diesen Baum
Steht ein ziemlich hoher Zaun
Den Eigentümer könnt' man fragen
Dürft' ich ein paar Äpfel haben

Wie soll man's machen, wenn der weit weg
Ein Briefchen schreiben zu diesem Zweck?
Doch die Post, man weiß es ja
Kommt nicht an, in einem Tag

Während er noch überlegt
Kommt ein Schulfreund flugs des Wegs
Gemeinsam lösen sie das *Zaun-Problem*
Indem er sich lässt darüber heb'n

Ein Dankeschön – der Freund geht weiter
Der Nachbarjunge sammelt heiter
Von jedem Ast, der so schwer trägt
Nimmt er ein paar Früchte weg

Er legt sie ins Gras unter den Baum
Und geht zurück zum Gartenzaun
Denkt: morgen komm ich auf leisen Sohlen
Mit einem Korb die Äpfel holen

Mit Mühe, denn der Zaun ist hoch
Findet er ein kleines Loch
Zwängt sich hindurch und merkt gar nicht
Ein Stück vom Hemd, das kommt nicht mit

Zu Hause muss er erklären der Mutter
Warum das Hemd kaputt, samt Futter
Dem Apfelbaume wollt' er helfen – eine gute Tat
Weil der zu viel Früchte zu tragen hat

Die Mutter schon die Hand gehoben
Überlegt es sich und tut ihn loben
Dem Eigentümer erstattet sie Bericht
Der versprach am Telefon – er kümmere sich

Und tatsächlich, am nächsten Tag
Der Junge mit Leiter und einem Korbe naht
Am Apfelbaum kein einziger Apfel mehr
Kein Ast muss sich verbiegen mehr

Der Eigentümer lacht ihn an
Sprach: „gutes hast du meinem Baum getan –
Zum Dank darfst du in deinen Korb
Die schönsten Früchte tun ... das ist ein Wort!"

Die Ablösung

Jahre tat ich meinen Dienst,
Wie Jede, die ein Haus verschließt,
Über die Behandlung will ich nicht klagen,
Wurde meist *nicht* zugeschlagen

Keiner hat mit mir gesprochen,
Hab' ich irgendwas verbrochen,
Ein Fremder fuhr auf meiner Herrschaft Hof,
Und hing mich aus ... das find' ich doof!

Und plötzlich kamen mir die Tränen
Als ich sie bekam zu sehen,
Eine neue Tür wird eingebaut,
Mit drei Scheiben; ein bisschen rot — sonst grau

Mein Schicksal ist nun ungewiss,
Die Herrschaft mich auch bald vergisst,
Als Haustür, jahrelang ging ich auf und zu,
Jetzt trägt man mich zur letzten Ruh'!

Häuslebauer

Ein Mann baute ein großes Haus
Und rechnete sich danach dann aus
Wenn er sich ein paar Mieter nähme
Er auf seine Kosten käme

In einer Zeitung erschien ein Inserat
Er seine Wünsche dort kund tat
Menschen ohne Fehl und Tadel
Und ohne Tiere wie Katz und Dackel

Leute kamen in großer Zahl
Und der Mann hatte die Qual der Wahl
Einige Anschriften ließ er sich geben
Von denen die er gewillt war, zu nehmen

Im Mietvertrag wurde all das festgelegt
Damit Klarheit herrscht, wenn man zusammen lebt
Ein Streitpunkt wurde schon zu Beginn vermieden
Treppenhaus und Keller wurden vom Hauswirt betrieben

Die vereinbarten Mieten waren moderat
Und so lebten viele hier Jahr und Tag
Zog dann doch einer aus… hatte selbst er gebaut,
ein Inserat in der Zeitung hat er nie wieder gebraucht

Grossbrand!

Im Kamin knistert das Holz
Er ist des Mieters ganzer Stolz
Und zwischendurch, was nicht sein darf
Er Abfälle ins Feuer warf

Dem Nachbarn, dem das nicht gefällt
Dass Qualm sich durch den Schornstein quält
Rennt, statt zum Nachbarn, zur Polizei
Bald war die Freude am Kaminfeuer vorbei!

Weil die Polizei nicht zuständig ist
Holt die den Umweltschutz – so'n Mist!
Mit einer Ermahnung und Geldbuße ist er dabei
Den Nachbarn lädt er nicht mehr zum Bierchen ein …

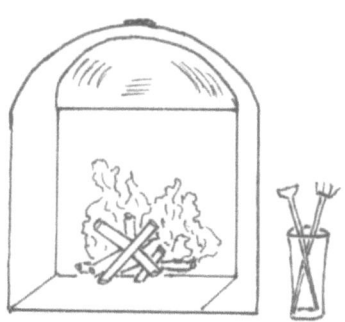

Der verirrte Wohnwagen

Ein Mann wohnt in einer mittelgroßen Stadt,
Er auch 'ne nette Familie hat…
Für's Auto hat er vorm Haus einen Platz,
Doch nicht für den Wohnwagen, den er sich angeschafft hat.

Er überlegt und überlegt …,
Mit seinem Auto er die Gegend abfährt,
Plötzlich sieht er einen freien Platz
Und holt seinen Wohnwagen, ratzfatz.

Und – ohne die Eigentümer zu fragen,
Parkt er vor dem Haus seinen Wohnwagen!
Es stört ihn nicht, zwischen Ein- und Ausfahrten zu stehen,
Die Anwohner nicht den Verkehr auf der Straße sehen.

Fragen beim Ordnungsamt und der Polizei …
Die Antwort: „Er dürfe, da es eine öffentliche Straße sei!"
Die Eigentümer zahlen die Straßenreinigungsgebühr
Und erhalten seit zwanzig Tagen nix dafür!

Nun möchte der Schreiber dieser Zeilen nichts herbeireden,
Im Nachbarort stahlen Ganoven einen Wohnwagen soeben.
Auch das Parken vor fremden Häusern wär' somit gelöst,
Die Anwohner sind bestimmt nicht bös'.

Doch dann hört man von weitem das Geschrei …
Hilfe, Hilfe – Polizei;
Der Platz, wo der Wagen stand, ist frei.
Vor vierzehn Tagen war das nun geschehen,
Und der Wohnwagen ward nicht mehr gesehen

Was ist passiert?
Man hat ihn vor einem anderen Haus deponiert…!!!

Das leere Haus

Schon lange leer steht das Nachbarhaus
Die letzten Mieter zogen aus
Vom Eigentümer keine Spur
Im Vorgarten wächst das Unkraut nur …

Auch auf dem Grundstück hinterm Haus
Breiten sich die Disteln aus
Der Löwenzahn, wenn er verblüht
Seine Samen zu den Nachbarn schickt

Nach Wochen hält ein großer Wagen
Aus diesem werden Möbel ins Haus getragen
Auch eine Familie mit Kindern und Hund
'ne Katze macht das Ganze rund

Endlich ist wieder Leben im Nachbarhaus
Der Hund bellt, er will morgens raus
Die Kinder – ausgeschlafen – außer Rand und Band
Spielen Fußball gegen die Garagenwand

Dann … so um die Mittagszeit
Hört man den Rasenmäher schon ganz weit
Auch geht es in den nächsten Tagen
Im Garten dem Unkraut an den Kragen

Die Hecke, die an der Grundstücksgrenze steht
Wird kurzerhand mit abgesägt
Ersetzt durch einen Lattenzaun
So hoch, dass keiner kann darüber schau'n

Weitere Wochen gingen ins Land
Ohne, dass ein Besuch bei den Nachbarn stattfand
Gehört es doch zum guten Ton
Sich bei den Nachbarn vorzustellen schon

Da sind die Tiere manchmal schlauer
Sie betrachten sich die Freunde etwas genauer
Und wenn sie sie dann mögen
Können sie zusammen in Ruhe leben.

Der Ahorn

Im Nachbargarten, dicht am Zaun,
Steht ein großer Ahornbaum.
Wenn anderswo schon Tulpen blühn,
Freut man sich bei ihm auf's erste Grün.

Neue Blätter entfalten sich,
Bis die Krone des Baumes völlig dicht,
So spendet er Schatten, wenn die Sonne lacht,
Der Mensch es sich unter ihm gemütlich macht.

Sogar leichten Regen hält er ab
Mit seinem dichten Blätterdach.
Wenn es dann Herbst wird im Schrebergarten,
Funkeln die Blätter in den schönsten Farben.

Und dann … die ersten Stürme wehen,
Ist's um des Baumes Laub geschehen,
Es rieselt leise immerzu
Und bedeckt den Rasen nun.

Wohin nur mit dem vielen Laub,
Zum Nachbarn rüber … ist nicht erlaubt,
Sammeln und im Garten an einen Ort,
Geht nicht … da liegt das Laub vom Vorjahr noch

Es diente dort im letzten Winter
Einem Igel mit seinen Kindern,
So wird das Laub zusammen geharkt
Und in Säcken zum Grünschnittcontainer gekarrt.

Dort, vermischt mit anderen Abfällen,
um es gehäckselt und kompostiert
Anderen Gärtnern wieder zur Verfügung zu stellen.
So kommen von Nachbars Ahornbaum
„vierundzwanzig" Sack Laub zusamm',
Man glaubt es kaum.

Jetzt steht er da mit kahlem Geäst,
Ein Eichhörnchen durch die Krone wetzt
Wir warten, bis endlich der Winter vorbei,
Dass der Ahorn vom Nachbarn
Sein erstes Grün wieder zeigt.

Nachbarn

Es soll ja heut' noch Leute geben
Die in einem Hause leben
Und wenn ein Anderer was vergisst
Er – ganz klar – zur Stelle ist

Da braucht sich keiner zu genieren
Es könnt' ihm ja auch selbst passieren
Und dann ist's schön, das ist doch klar
Ihm mit einer kleinen Geste geholfen war

Auch so können Nachbarn sein
Mit kleinen Kindern, die laut schreien
Oder solche, die ihr Moped trimmen
Und mit Musik auch das noch überstimmen

Aufzählen könnt' man viele Sachen
Qualmende Grills, die nicht gerade Freude machen
Hunde, die viel zu oft laut bellen
Autofahrer, die den Motor nicht abstellen

Also, es ist mal wieder soweit
Ein Nachbar vergisst eine Kleinigkeit
Dann stellt der Andere die Tonnen raus
Punkt, Komma, fertig … aus!

Denn merke: lebt man nicht friedlich miteinander
Ein Nachbar ärgert wohl den andern
Und zieht der Eine dann gar aus…
Vielleicht gibt's keine *nette*n Nachbarn im neuen Haus

Ein Häufchen

In der Wohnung jault der Hund
Ich muss mal – tut er damit kund
Sein Herrchen legt ihn an die Leine
Um zu gehen auf diese Weise

Auf eine Wiese, sie gehört der Stadt
Der Hund nun dort sein Häufchen macht
Sein Herrchen schaut nach allen Seiten
Dann suchen gemeinsam sie das Weite

Morgen soll's regnen, so dachte er sich
Da verteilt sich alles schön gleichmäßig
An Regen dachte auch der Gartenfreund
Er würde mähen und das noch heut

So mäht er den Rasen, Bahn für Bahn
Bis er zu dem Häufchen kam
Das hohe Gras verdeckt die Sicht
So sieht er diesen Haufen nicht

Dem Rasenmäher ist's egal
Sein Messer verteilt ihn – überall
Des Gartenfreundes Hos' und Schuh
Gesprenkelt … und es stinkt im Nu

Er flucht ganz laut … *oh diese Schweine*
Den Rasen mäh'n sie demnächst alleine
Man müsst sich auf die Lauer legen
Damit man weiß, wer es ist gewesen.

Eigentum verpflichtet

Es trafen sich nach langer Zeit
Die Petra und die Adelheid
Nach dem Hallo und wie es so geht
Jede staunend vor der Anderen steht…

Beide schauen auf Frisur und Gewandung
Dann beginnen sie mit der Befragung
Fragt Adelheid zu Petra gewandt:
Du siehst schlecht aus – bist du krank?

Ich hab da ein Problem, erwidert sie
Meine Finanzen stehen schlecht wie nie
Die Häuser, sie sind beide alt
Ich müsste sie sanieren halt

Warum? Fragt Adelheid zurück
Ich kenne da 'nen tollen Trick
Die Zuschüsse aus Steuergroschen
Sind doch sicher längst erloschen

An einen Investor verkaufst du alles
Schon sind die Sorgen weg – ich sag' es
Den Erlös legst du dann an
Und von den Zinsen…
Kannst du leben und wieder grinsen

Verantwortung für die Familien?
Sollen sie doch kaufen, die Immobilien
Und ob sie dazu in der Lage sind
Ist dann nicht mehr dein Bier – mein Kind!

Petra meint zu Adelheid
Was machen dann die armen Leut'
Die kaum die Miete können zahlen
Und keinen Euro haben zum Sparen?

Und die, die schon ewig bei mir wohnen?
Soll ich sie mit einem Auszug belohnen?
Die Adelheid dann zu ihr spricht –
Hast du nun Sorgen oder nicht!

Deine Lage ist kein Einzelfall
Menschen verkaufen Häuser überall
Sogar ganze Siedlungen werden verschoben
Politiker sich dafür auch noch loben.

Bei Petra glätten sich die Sorgenfalten
Sie spricht… ein Haus werde ich behalten
Mit dem Erlös des Einen werde ich das Andere
In ein kleines Schmuckstück dann verwandeln

Gut, dass wir beide uns getroffen
So bleiben ein paar Sorgen weniger offen
Wir sollten uns viel öfter sehen
Versprachen sie sich – beim Auseinandergehen

Gesprächsfetzen

Zwei Frauen stehen im Treppenhaus
Sie lassen sich über die Nachbarn aus
Im zweiten Stock quietscht eine Tür
Eine Dritte ruft: „Sprecht Ihr von mir?"

Wie peinlich, dass man sie ertappt
Treppe runter – die Haustür klappt
Da stehen zwei Männer und diskutieren
Über ihren Verein, es kann keiner verlieren...

Der Eine hat die besten Stürmer
Am Torwart des Anderen kommt keiner vorüber
Plötzlich hören sie eine Stimme vom Balkon
Mein Verein ist noch besser...wusstet Ihr's schon?

Ein Spielplatz ist ganz in der Nähe
Zwei Kinder hört man lauthals krähen
Meine Schaufel und auch meine Eisenbahn
Ist viel besser als *dein* alter Kram

Der Andere holt verärgert Luft und ruft:
„Dafür geht *mein* Spielzeug aber auch nicht kaputt!"
Auf einer Bank, ganz in der Nähe
Ich zwei Rentner sitzen sehe

Beide ein dickes Buch in der Hand
Das sie lesen mit Verstand
Sie bleiben stumm und reden nicht
Weil sie ihr Hörgerät nicht mit!

Es wäre für manchen Zeitgenossen
Ganz gut, und das sage ich hier offen
Sein Mundwerk ein wenig im Zaum zu halten
So wie auf der Bank die beiden Alten

Ein Vorgarten
Im Wandel der Zeit

Als das Eigenheim ward gebaut,
Viel Platz war vor und hinterm Haus,
Die Entscheidung fiel da gar nicht schwer,
Zwischen Haus und Straße muss ein Vorgarten her.

Das Ehepaar dachte rustikal,
Eine Mauer zierte das Areal,
Schön verziert mit Ornamenten
Ein Schriftzug ließ sich auch erkennen.

Rasen wurde eingesät,
Zufrieden schaute man auf's Beet,
Im Frühjahr entfaltete sich die Pracht,
Viele Margareten sich im Gras breitgemacht.

Natürlich konnte man dort nicht mähen,
Man sah Kinder sich ein paar Blumen nehmen.
Mit der Zeit fing die Mauer zu bröckeln an,
Baufällig – sie wurde abgebrochen dann.

Auf einem Spaziergang sehen sie dann
Einen Zaun aus Metall, ziemlich filigran.
Ein Handwerker war schnell gefunden,
Der freute sich über die neuen Kunden.

Ein paar Jahre gingen nun ins Land,
Das Unkraut behielt langsam die Oberhand,
Das müssen wir ändern, dachten die Beiden,
Wir werden uns einen Rollrasen leisten.

Sie beauftragten 'nen Mann vom Gartenbau,
Der sich das vor Ort erst mal angeschaut.
Dann wurde alles abgetragen und
Als Erstes Mutterboden aufgetragen.

Darauf … und das war jetzt der Clou …
Kam der Rollrasen – fertig war's im Nu.
Täglich gewässert – also gut gepflegt,
Sich nun Mancher nach dem Vorgarten staunend umgedreht.

Die neuen Fenster

Es trug sich zu im Monat August
Der Eigentümer kam mit breiter Brust
Um seinen Mietern zu verraten
Bald werdet ihr neue Fenster haben

Einen Termin gab er bekannt
Doch drauf setzte ihn sein Lieferant
Nun gab es für Manchen ein Problem
Er wollte doch in Urlaub geh'n

Die Reise war auch schon bezahlt
Der Eigentümer sagt: das ist höhere Gewalt
Die Tage und Wochen gingen ins Land
Keinen neuen Termin gab man bekannt

Das wird nix mehr – so dachten sie
Sie können ruhig in Urlaub fliegen
Doch, wie das Leben manchmal spielt
Sie waren weg – ein LKW hielt

Nun gab es doch ein kleines Problem
Ein Mieter hatte keinen Schlüssel abgegeben
Neue Fenster haben nun nur zwei Parteien
Die dritte wird sicher nach dem Urlaub weinen

Denn eigentlich wäre es perfekt gewesen
Ein Nachbar hätte nach dem Rechten gesehen
Aus dem Urlaub kommen, die Fenster drin …
Nun wartet er auf einen neuen Termin.

Thekengespräch

In der Wirtschaft, in der das Bier so lecker
Treffen sich der Metzger und der Bäcker
Man wie üblich an der Theke steht
Wo jeder Mann mit jedem red'...

Sie diskutieren in froher Runde
Und es vergehen Stund um Stunde
Irgendwann entscheiden sie sich
Ein, zwei Schnäpschen, die schaden nicht

Der Wirt, der kennt hier jeden Mann
Ist gespannt und beobachtet dann
Ob das gut geht mit den Beiden
Oder ob sie wieder anfangen zu streiten

Grad' schon hört er den Metzger sagen
He Bäcker, was machst du noch in deinem Laden
Den fertigen Teig kriegst du gebracht
Statt ihn zu kneten in der Nacht

Dem Bäcker, dem das nicht gefällt
Als Faulenzer wird er hingestellt
Erwidert mit erhobener Stimme
Zum Metzger: du bist doch um vieles schlimmer...

Schlachten brauchst du schon lang nicht mehr
Aus dem Schlachthaus schleppen sie's Fleisch dir her
Die Wurst, die in deinem Laden hängt
Du auch von einem Großmarkt empfängst

Nun spricht der Metzger, schon gereizt
Auf euch Bäcker könnt' ich verzichten leicht
Jeder große Lebensmittelmarkt
Auch all' deine Produkte hat

Dem Wirt das Ganze wird zu laut
Er mit der Faust auf die Theke haut
Und schaut sie an mit bösem Blick
Sagt: *Ruhe – sonst es kein Bier mehr gibt*

Da schauen sich die Streithähne an
Der will uns kein Bier mehr geben – der Mann …
Der Metzger spricht: ich geb' einen aus
Ich auch, sagt der Bäcker – dann geht's nach Haus'

Merke: spricht man kräftig dem Alkohol zu
Unser Gehirn hat dann mächtig zu tun
Unterscheidet nicht mehr zwischen Wahrheit und Bluff
Ein Dritter dann meistens schlichten muss

Wenn sie dann wieder mal am Tresen steh'n
Sagen zum Wirt, das letzte Bier sei schlecht gewes'n
Der grinst und schaut die Beiden an
Sagt: Ich würde das Letzte nicht mehr trinken dann!

Falsch eingeschätzt

Ein alter Herr am Straßenrand
Schaut nach gegenüber – ganz gebannt
Obwohl die Ampel lange grün
Bewegt er sich nicht – guckt drüben hin …

An einem Fenster im ersten Stock
Sieht er 'ne Frau im Minirock
Die auf eine Leiter steigt
Und weit sich aus dem Fenster neigt

Der Herr ruft laut, sie soll das lassen
Und rennt bei rot über die Straße
Es schreit die Frau – es schreit der Mann
Von links ein schnelles Auto kam

Reifen quietschen, dann ist es still
Der Mann kurz vor dem Auto fiel
Die Frau, die grad am Fenster stand
Kommt zur Haustür raus gerannt

Fragt den Mann, ob er verletzt
Wieso er bei rot über die Straße hetzt
Er sagt: „Sie wollten doch schon springen …"
Mit dem Oberkörper Sie aus dem Fenster hingen

Die Frau darauf: „Sie haben sich vertan –
Ich wollte nur schauen, ob keiner kam
Denn ich will die Fenster putzen
Und viel Wasser auch benutzen…"

Mit ihrer Hilfe erhebt sich der Mann
Entschuldigt sich beim Autofahrer dann
Er wollte nur helfen, hat an sich nicht gedacht
Und dabei einen riesigen Fehler gemacht

Denn die Fußgängerampel, sie war rot
Fast hätte *er* Hilfe gebraucht oder wäre gar tot
Drum merke: wenn man zum Helfen bereit,
Man nehme sich immer die angemessene Zeit!

Sommer – Sonne, Regen und die Fliege

Seit Mittag sind nun Wolken zu sehen,
Alle Menschen hoffen auf Regen!
Doch wenn er dann kommt im grauen Gewand,
Bringt er den Ärger übers Land.

Der Boden ist trocken wie altes Brot,
Was macht der da in seiner Not?
Statt ihn schnell in sich aufzunehmen,
Wird es Überschwemmungen geben.

Dann ist's vorbei – es regnet nicht mehr,
Die Erde ist trocken wie vorher,
Gut, dass wir keinen Garten haben,
Unsere Pflanzen brauchen nicht auf Wasser zu warten.

Sie danken es uns mit ihrer Pracht,
Sogar zwei Tomate(n) uns rot angelacht.
Und auch die Gurkenpflanze blüht wie wild,
Bloß Früchte kaum zu sehen sind.

Doch halt, da fliegt elegant was ein
Und ich habe die Fliege erschlagen,
Wie gemein.
Wohin damit – ich schau vom Balkon,
Mit einem Mal, da wusste ich's schon.

Unten der Nachbar auf der Liege
Sich in einem Traume wiegte,
Den Mund weit auf ... wegen der Luft,
Und dringend nach der Fliege ruft!!!

Flugs fällt sie leise vom Balkon,
Sein Mund klappt zu –
Er hat sie schon.
Nun wacht er auf, war es ein Traum?
Doch halt, die Fliege klebt –
an seinem Gaum'.

Jetzt fragt er sich, wie kann das sein?
Eine *tote* Fliege fällt in den Mund hinein ...
Nachdem er etwas nachgedacht,
Hat er den Nachbarn in Verdacht.

Doch nirgendwo ist der zu sehen,
Er wird trotzdem fragen gehen.
Die Moral von der Geschicht' –
Schlaf mit offnem Munde nicht!!!

Seine Stadt

Es ging ein Mann durch seine Stadt
Die einst vielen Menschen Arbeit gab
Mit Rathaus, Gericht, Gefängnis und Polizei
Mit Schulen und exklusiven Geschäften allerlei

Einem Bahnhof mit gar vielen Gleisen
In alle Welt konnte man verreisen
Es rollten die Güter in der Nacht ganz schnell
Zu Zügen wurden sie zusammengestellt

Der Reparaturbetrieb lief reibungslos
Die Menschen verdienten gutes *Moos* (Geld)
Was ist aus seiner Stadt geworden
Leer stehende Geschäfte allerorten

Den Fahrkartenschalter machten sie einfach zu
Keine Auskunft mehr, ein Automat steht da nun
Auch Gleise gibt es nicht mehr viele
Auseinander geschweißt wurden die Lokomotiven

Die Menschen, die einstmals hier Arbeit fanden
Zerstreuten sich im ganzen Lande
Und dann das größte Trauerspiel
Seine Stadt in die Hände des Nachbarn fiel

Noch schlimmer kam es in letzter Zeit
Die große Stadt Köln schluckte die Polizei
Nun freuen sich auch noch die Ganoven
Es bleibt keine Zeit mehr, sie zu verfolgen

Was ihm ist positiv aufgefallen
Es gibt noch eine Postfiliale
Wie lange noch – das weiß er nicht
In den Orten drumrum ist schon alles dicht

Ein Haus mit Bekleidung steht noch am Ort
Ein Strumpfgeschäft und eines mit Stoff
Zwei richtige Metzgerläden hat er auch noch gefunden
Einen reinen Bäckerladen sucht er seit Stunden

Fabriken liefern heute den fertigen Teig
In jedem Laden steht ein Backautomat bereit
Was ist geblieben, wie in alter Zeit
Ein paar Kneipen, über den Ort verteilt

Auch ist ihm da noch aufgefallen
Die Kunst hat sich in der Stadt gehalten
Es gibt nach wie vor einen Bücherladen
Und in einigen Läden kann man Bilder haben

Doch ein Teil der Stadt hat bis heute Glück gehabt
Ob vielleicht nur wegen des Wupper-Verband's
Nicht umgeleitet – nicht zugedeckt
Fließt sie weiter in ihrem alten Bett

Das gibt Hoffnung für seine Stadt
Sie noch nicht ganz verloren hat
Und wenn er dann geht in Pension
Freut er sich doch, in seiner Stadt zu wohn'.

... *und wenn man Stadt und die Nachbarn hinter sich lässt, gibt es nur noch ... Natur*

Ein schöner Tag

Ein Mann auf der Terrasse sitzt,
Die Sonne durch die Wolken blitzt,
Blumen in den Kästen verströmen ihren Duft,
Von Hummeln, Bienen, Wespen werden sie besucht.

Plötzlich raschelt es in Nachbars Hecke,
Eine Amsel kommt aus ihrem Verstecke,
Lässt sich auf der Wiese nieder,
Sucht Futter für die Vogelkinder.

Dann ist es mit der Ruh vorbei,
Sittiche fliegen über ihn – mit viel Geschrei
Und weil die Nachbarn Teiche haben,
Hört er ab und an die Frösche quaken.

Dann ist Ruhe und er denkt ...
So zu wohnen ist ein Geschenk,
Legt sich zurück in seinen Stuhl
Und sagt: ich werde jetzt ein bisschen ruhen.

Kaum liegt er, droht neu' Ungemach,
Der Nachbar schmeißt den Rasenmäher an,
Dann macht sich die Sonne aus dem Staub
Und es ziehen dunkle Wolken auf.

Da geht er rein, macht die Türe zu,
Setzt sich in einen Sessel mit 'nem Buch,
Später hört er, was der Wetterfrosch sagt
Und hofft auf einen neuen Sonnentag.

Ein paar Gedanken zum derzeitigen Wetter

Die Bäume, die ihr Laub verlieren
Menschen, die zuhause frieren
Vögel, die nach Süden ziehen
Um der Kälte zu entfliehen

Wir machen uns die Heizung an
Öffnen einen Rotwein dann
Kuscheln uns in eine Ecke
Brauchen zum Wärmen keine Decke

Rollladen versperren uns die Sicht
Schlechtes Wetter stört da nicht
Ein gutes Buch, in dem wir lesen
Da kann es draußen ruhig regnen!

Hochwasser

Wenn ich aus dem Fester schau
Und es ist nicht trüb und grau ...
Es scheint die Sonne und es ist weiß,
Dann muss tatsächlich Winter sein.

Wenn Weihnacht' und Silvester vorbei,
Keiner traut sich, auf die Waage zu steigen,
Braten, Kuchen und Plätzchen sind aufgegessen,
Dann ist das alte Jahr vergessen.

Doch in Köln und anderen Regionen,
Vergisst man's nicht – möcht' ich betonen!
Denn der Rhein und andre Flüsse,
Bescheren den Menschen nasse Füße!

Und immer, wenn das Wasser steigt,
Ist es mal wieder an der Zeit ...
Die Betroffenen schimpfen, was das Zeug hält,
Über den Herrgott und die Welt.

Doch sagen wir's mal klipp und klar:
Die Seen und Flüsse waren zuerst da!
Dann kam der Mensch und hat gebaut,
Bis ans Wasser und hat so manches Flussbett geklaut.

Die Wälder abgeholzt, betoniert und begradigt,
Manche Flüsse sogar unter die Straße verbannt,
Wenn es mal heftig zu regnen beginnt –
Wo soll denn dann das Wasser hin?

Erst wenn die Menschen haben begriffen,
Dass auf der Erde alles nur geliehen,
Und man damit pfleglich umgehen muss,
Kommen sie vielleicht zu dem Entschluss,
Dass man der Natur etwas zurück geben muss.

Doch ich glaube: bevor die Menschen
Die Schuld bei sich selber suchen,
Werden sie weiter auf das Wetter fluchen.
Und immer Andere verantwortlich machen,
Wenn das Wasser kommt und versaut ihre Sachen!

Petrus' Strafgericht
(es leider oft den Falschen trifft!)

Da sprach der Petrus zu den Seinen,
Wir lassen nun den Himmel weinen,
Macht mal alle Schleusen auf,
Bis die Flüsse überlaufen ...

Die Abgase schon zum Himmel stinken,
Die Flüsse im Beton versinken,
Chemie und Öl das Wasser verpesten,
Den Urwald abholzen,
Das gibt der Erde den Rest!

Jetzt kannst du sie hören lamentieren,
Sie ihr Hab und Gut verlieren,
Vergessen, dass sie nur dem Profit nachgerannt,
Mehr Fabriken, Flugzeuge, Autos „braucht" das Land!

Doch lernen werden die Menschen wohl nicht,
Wenn alles aufgeräumt und der Schaden behoben ist
Leben sie weiter wie vorher
Und vergessen – denn man sieht ja nichts mehr.

Die Natur lässt sich nicht ewig ins Handwerk pfuschen,
Wie hör' ich schon wieder die Menschen fluchen,
Kein Krieg, *kein* Atom –
              dazu will sich niemand verpflichten
Bis sie unsere schöne Erde damit vernichten.

Der Wetterbericht

Jeder kleine und auch große Wicht
Meint, er braucht 'nen Wetterbericht.
Egal woher er ihn auch nimmt,
Inständig hofft er, dass er stimmt!

Die Medien und die Presse, je nach Region...
Machen uns glauben, sie *wüssten* es schon!
Da wird von Hochs gesprochen, von Tiefs geschrieben...
Und, ob wir Sonne oder Regen kriegen.

So informiert sucht jeder zu Haus,
Für den kommenden Tag seine Kleidung aus.
Jedem Bauer und Gärtner ist nun bekannt,
Welche Arbeit morgens am besten geht von der Hand!

Alle Piloten wissen,
Von welcher Seite sie starten müssen,
Liebespaare, ob sie im Park sich können küssen?
Alle Kinder, ob sie ins Schwimmbad könnten,
Also ist der Bericht für alle vonnöten.

Doch wehe, das Wetter ganz anders ist,
Die Meteorologen sagen (!): wir haben uns geirrt.
Der Falsche friert, ein Anderer schwitzt,
Und die Moral von der Geschicht':
Ab morgen guck' ich aus dem Fenster,
Ich lese oder höre einfach – keinen Wetterbericht.

Die kleine Waldmaus

Am Waldesrand in einem Bau
Lebt die Maus, klein, flink und braun.
Hat ein Nest ganz warm und weich
Für sie ist es ihr Königreich.

Draußen ist es bitter kalt
und Schnee liegt noch im ganzen Wald.
Und darum ist sie kaum zu sehen
Von Menschen, die spazieren gehen.

Wenn der Schnee dann weggetaut,
Die Maus sich aus dem Bau raustraut,
Ihr Magen knurrt in einer Tour,
Sie überlegt – was mach' ich nur?

Nach ein'ger Zeit kommt sie zum Schluss,
Sie in der Erde graben muss.
Eine Wurzel, eine Eichel vom vorigen Jahr,
Denn sonst ist noch nichts Frisches da.

Doch dann wird es Frühling, auch im Wald,
Eine Mausfrau ist gefunden bald,
Und wenn sie sich mächtig lieben,
Gibt's kleine Mäuschen – derer sieben.

Nun hat die Waldmaus ein Problem,
Woher das viele Futter nehm'?
Sie überlegt und denkt sich dann,
Man auch auf freien Felde suchen kann.

Am Waldesrand stehet nun die Maus
Und schaut nach etwaigen Feinden aus,
Dann läuft sie los – quer über's Feld
Sammelt Futter, flink und schnell.

Die Zeit vergeht, die Mauskinder wachsen,
Immer mehr Futter muss man ranschaffen.
Eines Tages ist's dann geschehen…
Ein Bussard hat die Waldmaus gesehen.

Auch er hat Kinder zu versorgen...
Und die Mäusekinder warten vergebens heute Morgen.
Wäre sie doch nur im Wald geblieben,
Dann könnte sie heute noch leben.

Der schwarze Hund

Der Nachbar hat 'nen schwarzen Hund,
Er ist vital und kerngesund,
Und jeden, den er kennt und mag,
Begrüßt er dann auf seine Art.

Er nimmt Anlauf und es kann passieren,
Er springt dann ab mit allen Vieren,
Hat man dann keinen festen Stand …
…liegt man gemeinsam dann im Sand.
Erst wenn er Streicheleinheiten hat genug,
Erhebt er sich und trollt sich nun.

Es trug sich zu an einem Tag,
Als er von seiner Runde kam,
Herrchen brachte ihn bis vor die Tür,
Und ging mal schnell zum Nachbarn rüber.

Der Hund dachte nach 'ner Weile sich
Es regnet gleich und der vergisst mich hier
Er kennt ja schließlich sein Revier,
schnell durch den Garten –
so stand er beim Nachbarn vor der Tür.

Doch Herrchen war in der Zeit schon weg,
was mach ich nun, denkt er voll Schreck,
Plötzlich schallt vom Haus ein Pfiff,
und wie der Blitz schoss er zurück…

Die Fichte

Seit Jahr und Tag steht sie im Garten
Fast dreißig Meter ist sie gewachsen
Flieder und Kirschbaum stehen ihr zur Seite
Doch nun kommt die große Pleite

An einem Freitag im Monat Mai
Beschließt man, ihr Leben sei vorbei
Eine Hebebühne wird in den Garten gefahren
Mit dem Abholzen wird man bis morgen warten

Am Abend wird der Hof von Autos befreit,
Am Morgen steht pünktlich um sieben Uhr die Mulde bereit,
Kurz nach acht – die Crew rückt an
Den Ausleger stellt man in Position sodann

Um halb neun fallen die ersten Äste
Die Fichte weint, doch es ist das Beste
Denn sollte kommen der nächste Sturm
Fällt sie vielleicht ganz unkontrolliert um

Nach zwei Stunden steht nur noch der Stamm
Die Äste kommen in die Mulde dann
Nun fällt Stück für Stück der Stamm
Kommt später, klein gehackt, für's Kaminfeuer dran.

Halb eins – die volle Mulde wird abgeholt
Die Mannschaft sich vom Sägen erholt
Nach angemessener Mittagsrast
Wird der Stamm zerkleinert, ganz ohne Hast!

Nachmittag: die Sägen kreischen immer noch
Wie kräftig war der Stamm doch bloß
Um dreiviertel vier – Hof und Garten gekehrt
Die Arbeiter fahren heim … unversehrt

Eine zweite Mulde gab es noch
Steht jetzt gefüllt mitten im Hof
Über die Feiertage ist das zwar doof
Aber am Tag danach verschwindet sie doch

Den Vormittag musste man noch leiden
Doch mittags ging die Mulde auf Reisen
Jetzt ist der Platz auf dem Hof wieder frei
Die Parkplatznot ist auch vorbei … !

Der Reiher im Baum

Ein Graureiher steht am Gartenteich,
Schaut nach einem Fisch – vielleicht;
Als der Haushund dieses sieht,
Bellt er: „He, Freund, das ist mein Gebiet!"

Der Reiher, höchst erschrocken, flieht,
Von einem Baum nach unten sieht.
Der Hund dagegen hockt am Stamm
Und hadert, dass er nicht fliegen kann.

„Kommst du das nächste Mal zum Teich,
Ich dir ein paar Flugfedern raus reiß…
Dann musst du laufen, so wie ich,
Und ich dich auf jeden Fall erwisch!"

„Doch solltest du nirgends was zu fressen finden,
Werd' ich meine Herrschaft bitten,
Wenn sie mir mein Fressen geben,
Dir einen Fisch neben meinen Napf zu legen."

Eventuell werden wir dann Freunde?

Hühnergespräch

Zwei Hühner treffen sich am Gartenzaun,
Sagt das eine Huhn zum anderen:
„Du siehst seit einiger Zeit so mager aus …"
Erwidert das Andere: „Dafür lebe ich aber länger!"

Blumenkinder

In immer schönen, neuen Bildern,
Lässt sich die Natur hier schildern.
Ob Frühjahr, Sommer, Herbst – ob Winter,
Stets sieht man andre Blumenkinder.

In der ersten Jahreszeit
Sind die Schneeglöckchen soweit.
Der Krokus weiß, blau oder gelb,
Erfreut die Menschen in der Welt.

Im Sommer dann die Tulpen blüh'n,
In vielen Farben, wunderschön,
Dann die Krönung aller Blumen – die Rose
Duftet, egal ob weiße, gelbe oder rote.

In der dritten Jahreszeit
Ist's für die Astern dann soweit.
Sie duften nicht mehr intensiv,
Weil ab und zu die Sonne schlief.

Ist erst der Winter dann gekommen,
Die schönste Blume – unbenommen,
Kann man an manchen Fenstern seh'n.
Die Eisblume – recht zart und schön.

Der Kirschbaum

Aus einem Kern wurd' ich geboren,
Die Kindheit verlief noch ohne Sorgen,
Dann kam ein Mann mit einem Spaten,
Hat mich ganz einfach ausgegraben.

In einem Garten wuchs ich heran,
Die erste Blütezeit begann,
Weil viele Insekten mich umschwirrten,
Gab es im Sommer viele Kirschen.

Die Jahre gingen nun ins Land,
Ich wurde groß und man befand,
Zuviel Laub und zuviel Schatten,
Auch weniger Früchte ich im Alter hatte.

Eine lange Leiter wurde angestellt,
Die Säge war ganz schnell zur Stell',
Jeder Schnitt tat mächtig weh …
Am Ende als Kleiderständer ich nun da steh'.

Ein paar kleine Zweige blieben nur dran,
Doch man jetzt schon ahnen kann,
Gibt's im nächsten Jahr wohl keine Kirschen,
Hör' ich schon die Säge knirschen …!

Das wollte ich nicht akzeptieren,
Der Winter kam, ich musste frieren,
Ich zitterte mich durch die Jahreszeit,
Im Frühjahr war es dann soweit.

Trotz monatelanger Leiden,
Ließ ich kleine Blätter treiben,
Und das Wunder ist geschehen,
An meinem Stammplatz ließ man mich stehen.

Zum Dank wuchsen mir im nächsten Jahr,
Neue Äste wunderbar,
Und Blüten, ach so weiß wie Schnee,
Ich hoffe, meine Zukunft wird auch so schön

Der Schrebergarten

Wenn der Winter ist vorbei,
Kein Frost mehr in dem Boden sei,
Die ersten Sonnenstrahlen blitzen...
Sieht man sie in die Gärten flitzen.

Vom Bauern eine Fuhre Mist...
Glücklich, der heut' noch eine kriegt!
Nun wird gegraben und geharkt,
Auch erster Samen in die Erde gelangt.

Ein Frühbeet, abgedeckt mit Glas,
Damit man recht bald Pflanzen hat.
Der Gartenzaun, die Laube, Bänke...
Wird neu gestrichen durch fleißige Hände.

Wenn es im Sommer wächst und blüht,
Man einen zufriedenen Gartenfreund sieht.
Ein Grillfest ist dann der richtige Rahmen,
Um allen zu zeigen, wie fleißig sie waren!

Tomaten, Gurken und Salat
Kartoffeln, Möhren, Blattspinat,
Äpfel, Kirschen, sogar Trauben,
Alles frisch ... kaum zu glauben.

Auch ist man stolz auf den Kohlrabi,
Radieschen, Rettich und Zucchini,
Ein Gartenfreund zum anderen spricht,
So groß wie meine, sind deine nicht!

Ach, sagt der Nächste, ohne Scham,
Meine Kohlköpfe man kaum heben kann!
So wird es Herbst, das Laub wird bunt,
Man hält *Erntedank* in froher Rund.

Nun trotzt der Grünkohl noch im Garten,
Er muss den ersten Frost abwarten.
So geht das Schrebergartenjahr zu Ende,
Bis zum Frühjahr,
Dann spuckt man wieder in die Hände.

Um zu graben, zu säen und sich zu freuen,
Wenn alles wächst und blüht von neuem.
Hoffen wir, dass wir das können erleben...
So lange wir wandern auf dieser Erden!

Gefallen – Auferstanden

Auf der Alm steht im Wind eine Fichte,
So beginnt eine schöne Geschichte,
Ein Wanderer, der den Baum sich biegen sieht,
Ihm plötzlich ein Zapfen vor die Füße fliegt.

Er denkt, das soll sicher ein Zeichen sein,
Er hebt ihn auf und steckt ihn in den Rucksack rein,
Im Reisegepäck *wandert* er von Bayern nach NRW,
Dort darf er sich ausruhen von dem langen Weg.

Als der Zapfen trocken, gibt er die Früchte frei,
Der Wanderer setzt sie in einige Töpfe mit Erde ein,
Es vergehen Wochen, bis sich grüne Spitzen zeigen,
Bei guter Pflege … zwei entwickeln sich prächtig weiter.

Ein Jahr später geht es wieder raus in die Natur,
Nun wachsen sie zu kleinen Fichten
           statt in Bayern – in NRW *nur* …

Sie sind nun vier Jahre alt und sehen prächtig aus,
Der Wanderer freut sich täglich,
Dass er die Zapfen nahm mit nach Haus.

Ein Tag im Mai

Auf der Terrasse sitz ich ganz allein
Petrus lässt die Sonne schein'
Erfreue mich an sattem Grün
Rote und lila Rhododendron blüh'n

Die Vögel zwitschern ihre Lieder
Ich sehe Amseln, Meisen und Spatzen wieder
Auch ein Grünspecht ist kurz zu Besuch
Auf der Wiese er nach Würmern sucht

Plötzlich hör' ich ein Gebrumm
Eine Hornisse schaut sich bei uns um
Und – eh ich sie betrachten kann
Macht sie sich glatt wieder von dann'n

Zum guten Schluss, es ist kein Witz
Ein Eichhörnchen kommt übern Hof geflitzt
Einige Wolken ziehen heran
es wird frisch
So endet dieser schöner Maientag dann…

150

Frühling

Auch dieses Jahr im Monat März,
Wird's wieder Frühling – ohne Scherz,
Des morgens wird es früher heller,
Winterschuhe kommen in den Keller!

In der Natur bricht die Erde auf,
Maulwurfhügel sieht man zu Hauf',
Schneeglöckchen und Märzenbecher,
Die Vögel zwitschern von den Dächern.

Osterglocken treiben ihr Grün,
Die ersten Krokusse bereits erblüh'n,
Auch Menschen sieht man schon im Garten,
Einige Beete umzugraben.

Auch sieht man viele mit ihrem Wagen
In eine Waschanlage fahren,
Denn Schmutz und Salz müssen nun weg,
Die Frühlingssonne sich sonst erschreckt.

Und die Damen – ob jung, ob alt,
Machen beim Friseur schnell einmal halt,
Denn dem Frühling angepasst,
Wird der alte Winterpelz geschasst.

Zum guten Schluss sei noch gesagt,
In den Wohnungen Einzug gehalten hat,
Der Frühjahrsputz mit viel Tamtam,
Dies alles passiert – als der März begann.

Alles im Garten

Wer ein schönes Zuhause hat,
Bedauert so Manchen in der Stadt,
Denn ... wenn er aus dem Fenster schaut,
Sieht er Beton – alles ist zugebaut.

Ein Vorgarten mit sattem Grün,
In dem auch einige Blumen blüh'n
Und hinterm Haus, man glaubt es kaum,
Steht ein riesiger Ahorn-Baum.

Eine Rasenfläche – zweigeteilt
Drum herum Büsche aufgereiht,
Dazu Brombeeren und Holunder,
Für Mensch und Tier ein kleines Wunder.

So sehen wir, was Manchem entgeht,
Von der Terrasse aus, was alles lebt,
Amseln, Tauben und auch Raben,
Sich an herunter gefallenen Früchten laben.

Auch ein Grünspecht schaut schon vorbei,
Ein Eichhörnchen schwingt sich von Zweig zu Zweig,
Und Ameisen sind auf dem Rasen zu Gast,
So mancher Spatz hier eine Mahlzeit hat.

Auf einmal ist Herbst, die Blätter fallen,
Dann ist plötzlich Schnee überall ...
Die Vögel sind in den Süden abgehauen,
Nur das Eichhörnchen hüpft noch über den Baum.

Auch die Menschen ziehen sich in die Stuben zurück
Und warten sehnsüchtig auf den Augenblick
Wenn das Frühjahr kommt, die Blätter werden grün
Und wir alle Tiere wieder sehen.

Keine schöne Behausung

Er buddelte sich für sein neues Haus
Zielsicher eine Grube aus
Um später dann darin zu wohnen
Und sich von schwerer Arbeit zu erholen

Er kam zu Kräften und begann
Zu graben einen neuen Gang
Traf sich auch mit Gleichgesinnten
Bei der Suche, Nahrung zu finden

Keiner sah, was über der Erde geschah
Plötzlich war der Regen da
In die Behausung drang er ein
Er musste sich ganz schnell befrei'n

Überall sah man ihn nun
Den nass gewordenen Regenwurm
Denn eine Haustür war ihm fremd
Zu seinem dunklen Appartement

Doch nun gab es ein Problem
Von weitem hatte er ein Huhn geseh'n
Und das kam mit offenem Schnabel
Es wollte ihn als Mahlzeit haben

Als der Hühnerschnabel kurz über'm Wurm
Kam zum Regen noch ein Sturm
Eine Bö erfasst das Huhn
Es ließ ab vom Regenwurm

Der wiederum raffte sich auf
Und schlängelte sich im *Dauerlauf*
Zu einem Reisighaufen hin
Ruckzuck verschwand er flugs darin

Die Erde darunter war noch trocken
So konnte das Würmchen still frohlocken
Dass das Huhn nicht wieder da
Bis ein neues Loch gegraben war

Wer sind wir?

Bis zuletzt hängt er am Baum
Die Blätter sind schon abgehau'n
Doch dann der Bauer sich erbarmt
Pflückt sie –
Und ab in den Keller, wo es nicht warm
Dort liegen sie und warten
Bis man sie holt, um sie zu braten!

Ganz anders geht es dem Gemüse
Das an jede Speise müsste
Es freut nicht nur des Menschen Darm
Auch der Kreislauf wäre nicht gram
Doch wie traurig ist die Frucht
Die man zum Trocknen vergeblich sucht
In Kühlhäusern wird sie eingepfercht
Da wird sie faul – und es geht ihr schlecht!

Doch eine Pflanze freut sich riesig
Ist's im November auch mal diesig
Lacht über Schnee und den ersten Frost
Der Mensch lässt sie stehen, im Garten getrost
Lange behält sie ihr grünes Kleid
Wenn alles andre kahl ist – weit und breit!

3. 3. Grünkohl
2. 2. Zwiebel
1. 1. Boskop

Die Hühner sind weg

In einem Garten, das ist wahr,
Lebt friedlich eine Hühnerschar,
Vergebens suchte man einen Hahn,
Sonst würd' es nicht geben diesen Eklat.

Müd' vom Eierlegen und vom Fressen,
Sich abends die Hühner auf die Stange setzten,
Der Besitzer von der Arbeit kam
Und die letzten Eier mit nach Hause nahm.

Mit dem Futtereimer in der Hand,
Der Mann vor seinem Hühnerstalle stand,
Nix rührte sich – kein Huhn zu sehen,
Das war nun gar nicht zu verstehen.

Macht auf die Tür – was sieht er da?
Nur ein paar Federn lagen da,
Von den Hühnern keine Spur,
Er fragt sich ratlos, wo sind sie nur?

Da hat sich ein Dieb wohl in der Nacht,
Mit seinen Hühnern aus dem Staub gemacht,
Nun legen sie ihre Eier in ein fremdes Nest,
Der Dieb sie sich dann schmecken lässt.

Ach wär' gewesen ein Hahn dabei,
Der hätte gewiss mit seinem Schrei
Alle Nachbarn alarmiert
Und dieser Diebstahl wär' nicht passiert.

Das Samenkorn

Der Samen einer alten Buche
Einen Landeplatz sich suchte
Er landete, ach wie gemein
Statt auf der Erde, auf 'nem Stein

Der Stein begrüßte ihn und spricht
Rutsch in die Spalte, da fällst du nicht
Das Korn tat wie ihm geheißen
Und ließ in den Spalt sich gleiten

Ein wenig Laub, ein bisschen Erde
Ließen aus ihm einen Keimling werden
Die Zeit verging und es geschah
Dass er rasch ein Pflänzchen war

Bald hatte der Stein nun ein Problem
Die Wurzeln machten es sich bequem
Keine Ruhe hatte er mehr
Die Wurzeln drückten in der Spalte sehr

Als dann noch der Winter kam
Und Wasser in die Spalte rann
Verbündeten sich Wurzel und Eis
Den armen Stein es nun zerreißt

In zwei Teile jetzt zerrissen
Rollen sie zu Tal auf eine Wiese
Von dort entsorgte sie der Bauer
Zum Teil einer Begrenzungsmauer

Der Baum, der seinen Halt verloren
Machte sich auch seine Sorgen
Er fiel auf einen Wanderweg
Vom Förster wurde er zersägt…

Und die Moral von der Geschicht:
Auch dem Menschen ständ's gut zu Gesicht
Möchte er in Ruhe weiterleben
Nicht Anspruch auf des Anderen Platz zu erheben

Wetteran- und -aussichten

Graue Wolken ziehen ins Tal
Und decken alles zu
Reit im Winkl gab's einmal
Eingehüllt ist es im Nu

Jetzt fallen aus den dichten Wolken
Auch noch dicke Tropfen
Und der Wind aus den Backen, den vollen
Bläst, dass sie an die Fenster klopfen

Aus einer warmen Stube schauen wir zu
Wie aus dem vielen Regen
Bächlein werden jetzt im Nu
Die, mit Anderen vereint, sich ins Tal bewegen

Bald hat das viele Wasser
Die Straße im Tal erreicht
Wo es entlang des Rinnsteins
Bald in 'nen Gully entfleucht

Ist es zu trocken, stöhnen die Bauern
Sie um die nächste Ernte trauern
Ist es zu nass, sich die Frau nicht freut
Weil sie beim Friseur war – und das grade heut

Bei Nässe auch die Bauern stöhnen
Ihre Gülle können sie nicht unterpflügen
In die Erde kann nicht das Getreide
Fürs Vieh wächst kein Gras beim Sonnenscheine

Wie kann man es nur richtig machen
Dass Alle haben was zu lachen
Mir scheint, das geht nicht – so ein Mist
Wir müssen das Wetter nehmen, wie es ist!

Tierversuche

Es gibt auf unserer schönen Welt,
Einen Platz der uns gefällt.
Dort leben Tiere aller Rassen,
Sogar Menschen leben dort – in Maßen.

Und was keine Gene schaffen,
Da wandelt sich der Fisch zum Affen!
Ein Löwe auch zum Sprung ansetzt,
Er löst sich auf – bevor er jemanden verletzt.

Doch dann ganz plötzlich – ein Mann mit Bart,
Er wird zum Pudel, fein und zart!
Sogar ein Saurier ist auferstanden,
Wie ihn keine Menschen kannten.

Das alles sieht man mit viel Phantasie
Am Himmel und im Wolkenbild.
Wenn dann der Wind kommt angefegt,
Sind die schönen Wolkenbilder weg.

Mensch und Tiere müssen warten,
Bis neue Wolken am Himmel zieh'n
Und die menschliche Phantasie
In den Wolken wieder Tiere sieht.

Die verpatzte Mahlzeit

Ein Jäger geht durch seinen Wald
Sieht einen Hasen und macht halt
Doch weil nun gerade Schonzeit ist
Der Has' in Ruhe weiter frisst

Dann macht Meister Lampe einen Fehler
Aus dem schützenden Wald rennt er auf die Felder
Unter Rübenblättern er sich versteckt
Ein Habicht, der ihn dort entdeckt

Der überlegt … was mach ich bloß
Als Mahlzeit ist er ziemlich groß
Doch er hat Hunger und will's riskieren
Fängt an, den Hasen zu fixieren

Im Sturzflug rauscht er nun heran
Meister Lampe kaum noch ausweichen kann
In dem Moment – ein lauter Knall
Der Habicht bremst im freien Fall

Er hebt sich folglich in die Lüfte
Der Has' ganz schnell von dannen hüpfte
Weil sich der Jäger eingemischt
Nun keiner eine Mahlzeit kriegt…

Der Bär

Es geschah in jenem Jahr
Als der Braunbär ausgestorben war
Kein Exemplar mehr in freier Natur
Im Zoo konnt' man ihn bewundern nur

Da kamen ein paar Leute auf die glorreiche Idee
Wie wär's, wenn man den Bär wieder ansiedeln tät
Politiker davon Kenntnis bekamen
Sofort ein Steuergeld in die Hand sie nahmen

In einem Zirkus wurden sie fündig dann
Dort gab es zwei Bären, alt – sie hatten ihre Arbeit getan
In einem Tierpark bereitete man sie auf ihre Freiheit vor
Nach zwei Jahren dann öffnete sich das Tor

Doch oh Schreck, sie taten *nicht*, was man sie gelehrt
Sie hatten *nicht* dem Menschen den Rücken gekehrt
Schlichen, wie der Bären Sitte
Zum Beute holen in der Menschen Mitte

Stahlen den Bauern Ziege und Schaf
Und brachten diese um ihren Schlaf
Die ersten Rufe wurden laut:
Erlegt den Bären, der unsere Tiere klaut

Nun gab es unter den Menschen ein Problem
Es gab ein Gesetz zum Schutze der Bären
Also rückten sie aus, um ihn zu fangen
Doch die Bären waren schlau – sie verschwanden

Merke: wer ein wildes Tier zu seinem Domestiken macht
Hat nicht an dessen Instinkte gedacht
Und lässt er es frei …eine gute Tat er vollbracht?
Er ganz sicher die Tiere nicht verstanden hat

Adebars Pech

Ein Storch steht auf der Wiese
Schaut, ob sich was fangen ließe
Da hüpft ein Frosch vor seine Nase
Der Storch hebt seinen langen Schnabel

Und als er ihn nach unten steckt
Hüpft der Frosch ganz einfach weg
Der Storch darauf ist sehr erbost
Was denkt der Frosch sich dabei bloß.

Er ist ja schließlich dazu da…
Dass ich etwas im Magen hab'
Der Frosch jedoch sieht gar nicht ein
Speise für den Storch zu sein.

So schnell und hoch wie er nur kann
Hüpft er in einen Tümpel dann
verhält sich ruhig auf dem Boden
Bis der Storch ist weggeflogen!

Uff – Gerade noch mal gutgegangen!!!

Ein Paradies auf Zeit

Im Frühjahr kam sie angeflogen
Setzte sich auf einen Baum – ganz oben
Und beobachtete die Gegend
Ob sich irgendwo was reget

Rings herum war alles still
Sie dachte, hier ich bleiben will
Eine Hecke, die wuchs hoch und breit
Ideal für ihre Gelegenheit

Nun pfiff sie ihren Mann herbei
Zu zweit begann die Fliegerei
Sie kamen oft mit vollem Schnabel
Ihr Nest bauten sie auf des Astes Gabel

Als das Nest dann fertig war
Wir nur den Mann noch fliegen sah'n
Schnell verschwand er in der Hecke
Flog wieder raus und um die Ecke

Die Zeit verging, man hört es piepsen
Das Amselpaar gemeinsam fliegen
Im Schnabel jetzt Würmer und Fliegen
Für die Jungen, die im Neste liegen

Und bald die ersten Flugversuche
Auch selbstständige Futtersuche
Vier Junge um die Wette piepsten
Und das Paradies auf Zeit verließen

Den Mensch, dem diese Heck' gehört
Hat die Vogelfamilie nicht gestört
Jetzt, wo sie ausgeflogen sind
Greift er zur Heckenschere geschwind

Denn sie ist enorm gewachsen
Und muss nun ihre Äste lassen
Sie wird im Nu dadurch sehr licht
Die Amselfamilie von dannen fliegt

Pferdegeflüster

Ein Pferd leis' zu dem anderen spricht:
Ich verlasse meine Box heut nicht;
Und wenn der Bauer mit der Peitsche knallt,
Ich bleibe heut in meinem Stall!

Das Wetter draußen schlägt Kapriolen,
Ich könnte mir den Tod dort holen.
Und außerdem – was willst du machen,
In Pfützen und im Matsch rumstapfen?

Nun, spricht das andere Pferd zurück:
Ich glaub' damit hast du kein Glück,
Denn bist du dem Bauern nicht zu Willen,
Wird er nicht deinen Hunger stillen.

Erwidert drauf das erste Ross:
Nun, dann fress' ich heut nur Stroh;
Immerhin kann's auch nicht schaden,
Mal ein Pfündchen abgenommen zu haben.

Der Bauer kommt dann in den Stall ...
Den Hut tief im Gesicht,
Regentropfen hat er überall,
Und er zu seinen Pferden spricht:

Ein elendes Wetter ist das da draußen,
Wir machen heute mal 'ne Pause.
Ich mache euch ein trockenes Bett aus Stroh,
Hafer und Rüben gibt's in den Trog.

Denn morgen, wenn das Wetter gut,
Gehen wir drei mit frischem Mut,
An die Arbeit auf das Feld,
Der Traktor dann seine Pause erhält.

Als der Bauer fortgegangen,
Sagt ein Pferd dann zu dem anderen:
Wir haben einen guten Herren,
Lässt uns im Stall, tut uns nicht ärgern.

Und die Moral von der Geschicht ...
Dem Menschen steht's gut zu Gesicht,
Zu seinen Tieren lieb zu sein,
Zur Arbeit braucht er sie nicht treiben,
Sie machen's dann fast von allein.

Die Maus und der Bussard

Zwei Mäuse treffen sich im Feld
Und beide hört man klagen
Wie trocken ist es auf der Welt,
Wie schwer ein Loch zu graben

Hätte Petrus nur ein Einsehen
Und schickt 'nen Regenguss
Wir wären schnell verschwunden
Der Bussard hätt' Verdruss

Inzwischen schaut der Bussard
Von oben scharf herab
Und sieht die beiden Mäuse
Mehr im Galopp als Trab.

Da wird's ganz plötzlich dunkel
Nun geht es wohl dann los
Es regnet gleich ...
Ach nein, es ist 'ne Wolke bloß

Doch die Mäuse hatten Glück
Sie fanden 'ne Ruine
Der Bussard guckt jetzt wirklich dumm
Das war nicht seine Schiene

So geht das oft im Leben
Ob Mäuslein oder Mensch
Kann nicht in Frieden leben
Wenn bloß die Sonne brennt.

Die etwas andere Tiergeschichte

Viele Menschen in fremde Länder reisen,
Dem Nachbarn müssen sie beweisen ...
Es gilt der Mensch nur wenn er war
In Thailand, Asien, Afrika!

Und dann die Fotos, die man schoss,
Vom Elefanten bis Rhinozeros,
Als Souvenir war'n sie zu groß,
Und außerdem verboten noch!

Doch ohne der Tourist es checkt,
Auch vom Zoll ganz unentdeckt,
Hat es sich vorbei geschmuggelt
Und unbemerkt in die Haut gebuddelt!

Es war ganz klein und unscheinbar,
Bis der Tourist zu Hause war.
Ganz plötzlich wird sein Arm recht dick,
Er muss zum Arzt – ein Missgeschick.

Der schnitt mit einem scharfen Skalpell
Die Stelle auf, auf seinem Fell.
Da kamen – oh du heil'ger Graus,
Viele kleine Sandfliegen heraus.

Nun, ganz so weit muss man nicht fahren,
Auch daheim die Plagegeister warten.
Zum Beispiel: liebe, kleine Zecken,
Die sich im Unterholz verstecken.

Gegen solche Geister kann man sich schützen
Der Arzt nennt's impfen mit der Spritze,
So läuft der Tourist nicht die Gefahr,
Ein kleines Tier sein Begleiter war.

Wespenbesuch

Die Wespe fliegt ums Bierglas rum
Setzt sich auf den Rand – wie dumm
Kann sich nicht halten, fällt in die Brühe
Kommt nicht mehr raus, trotz aller Mühe

Der Gast, der dieses Bier wollt' trinken
Sieht die Wespe darin versinken
Mit einem Löffel holt er sie raus
Und macht ihr danach (völlig) den Garaus

Die Amsel

Auf dem Kirschbaum eine Amsel saß
Und seelenruhig die Früchte fraß!
Sie ließ sich auch partout nicht stören,
Als laute Rufe war'n zu hören.

Der Mensch, dem dieser Baum zu eigen,
Sah nicht ein, mit ihr zu teilen ...
Die einfach angeflogen kam,
Und sich vom Überfluss was nahm.

Er verscheuchte sie mit lautem Klatschen,
Der Amsel war nun nicht zum Lachen,
Denn nicht weit von dieser Futterquelle
Quietschten die Jungen hungrig und helle!

Trotzdem flog sie erst mal davon,
Sah von einem anderen Baum diese Person,
Sie würde, wenn die wieder weg,
Weiter fressen – am gleichen Fleck.

Auch überdachte sie die Lage,
Was wäre, wenn sich keine Bienen plagen
Bestäubten im Frühjahr sie die Blüten,
Es gäbe für keinen süße Kirschen.

Vielleicht sieht auch der Mensch dann ein,
Wenn nachdenkt er im Kämmerlein:
Er noch genügend Früchte hat,
Wenn er der Amselfamilie was gibt ab.

Der kleine Plagegeist

Jedes Jahr zur gleichen Zeit
Ist es wieder mal soweit.
Im Wasser und im Moor versteckt,
Warten sie, bis die Sonne sie weckt.

Dann kommen sie in wilder Freude,
Und suchen ihre erste Beute.
Ein Leichtgewicht, es schwebt dahin,
Auch dann noch, wenn es dunkel wird.

Wenn da und dort ein Licht zu seh'n,
In einer Stube Fenster offen steh'n,
Dann kann man fast schon garantieren,
Sie werden genau dort einmarschieren!

Geht dann das Licht aus und 's ist Ruhe,
Hört man gleich ihr leis' Gesumme.
Und der Mensch in seinem Bett,
Findet das nun gar nicht nett.

Die Geräusche näher kommen,
dann schlägt er zu ... Mist!
Wieder entkommen.
Er steht auf, macht das Oberlicht an
Und nimmt den Latschen in die Hand.

Dann sieht er sie – dort an der Wand,
Er schleicht sich an die Mücke an.
Ein Schlag und er hat getroffen,
Sie hatte schon viel Blut gesoffen!

Die Mücke ist nicht mehr am Leben,
Es hat einen Fleck auf der Tapete gegeben!
Er geht wieder zu Bett
Und er wird überlegen,
Wie dieser Schaden ist zu beheben.

Am nächsten Morgen, gut geschlafen,
Mit einem feuchten Tuch behebt er den Schaden;
Damit das nicht noch mal passiert,
Wird ein Fliegengitter dann montiert!

Ein Sommertag im August

Hätt' ich es selber nicht gesehen,
Das Datum im Kalender stehen,
Hochsommer – wir haben Mitte August,
Mir wär' das gar nicht so bewusst.

Es ist so kurz vor Mitternacht,
Als es am Himmel blitzt und kracht,
Petrus macht die Schleusen auf
Und lässt den Wassern ihren Lauf.

Nun regnet es schon den ganzen Tag,
Der Spaziergang wurde abgesagt…
Gewiss, in der Wohnung gibt es was zu tun,
Auch Briefe schreiben wär' opportun.

Doch mir ist klar, es war zu trocken,
Die Pflanzen die Hitze gar nicht mochten,
Manche Blumen ließen die Köpfe hängen,
Die Bäume verloren Blätter in Mengen.

Doch das Grau am Himmel – den ganzen Tag,
Ist etwas, was meine Seele gar nicht mag,
Das bekämpf' ich mit gutem Essen,
Auch ein Glas Wein wird nicht vergessen.

Dann sehe ich es wieder positiv,
Es ist kühler und ich schlafe tief....
Sieht der nächste Tag zum Fenster herein,
Hoffe ich wieder auf Sonnenschein.

Ein weiterer Sommertag

Raus aus dem Bett, die Sonne scheint,
Die Vögel zwitschern die ganze Zeit
Der Mann, der gähnt und glaubt es nicht,
Bis seine Frau das Rollo hochzieht...

Nun geht's in Bad, man macht sich frisch,
Danach steht's Frühstück auf dem Tisch
Und während im Haus noch alle schlafen,
Sie eine Entscheidung trafen...

Ein Spaziergang in frischer Luft
Tut sicher Herz und Kreislauf gut,
Danach ..., dies war ihr schöner Plan,
Bis Mittag zu liegen auf der Terrasse dann.

Doch der Wettergott hatte was dagegen,
Er schickte ihnen starken Regen,
So hatten die Beiden alles richtig gemacht,
Zu wandern, als noch alles geschlafen hat…

Der Nachmittag ist nicht verloren,
Sie holen sich ein Buch hervor,
Ein Kaffee rundet das Ganze ab
Der Sonntag hat etwas Erholsames gehabt

Eine besondere Begegnung

Auf einer schönen bunten Wiese,
Begegnen sich die Wespe und die Biene,
Die Biene ist hier zum Nektar sammeln,
Die Wespe will ganz einfach gammeln.

Während die Biene von Blüte zu Blüte summt,
Die Wespe durch die Gegend brummt.
Auf einer Blüte besonders fein,
Treffen die beiden gemeinsam ein.

Zur Wespe spricht die Biene ganz leise,
Für mich ist heute zu Ende die Reise,
Ich fliege nach Haus in den Bienenstock,
Vielleicht treffen wir uns ja wieder – an diesem Ort.

Die Wespe zu der Biene spricht,
Ich schau, was es noch zu fressen gibt.
Sollte das schöne Wetter morgen noch sein,
Finde ich mich ganz bestimmt wieder ein.

Von Licht und Duft magisch angezogen,
Ist sie glatt in ein halbvolles Bierglas geflogen,
'ne Weile schwimmt sie darin rum,
Alles klebt – sie kommt drin um.

Am nächsten Tag fliegt die arme Biene
Den ganzen Tag von Blüte zu Blüte
Sucht ihre Bekanntschaft vom Vortag
Und vergisst fast die Suche nach Nektar.

Als die Biene ihre Arbeit dann doch getan,
Fängt es stark zu regnen an.
Sie verharrt unter einem Blütenblatt
Und entgeht so der Unterkühlung knapp.

Neues vom Herbst

Nun ist es langsam Herbst geworden
Die Bäume haben die Blätter verloren
Die letzten Blumen lassen die Köpfe hängen
Nur die Astern trotzen noch dem Regen.

Die ersten Stürme fegen über das Land
Die Menschen ziehen sich wärmer an
Denn auch bei *dem* Wetter soll man sich bewegen
Und sich nicht nur am warmen Ofen pflegen.

Die Abende werden dunkler nun
Da gibt's auch vielerlei zu tun
Ein gutes Buch – oder Rätsel raten
Freunde auf einen Besuch schon warten.

Und eh wir Menschen uns versehen
In den Städten die ersten Tannen stehen
Dann ist Advent, das Jahr bald zu Ende
Viele denken schon an Geschenke.

Mit einmal ist der Herbst vorüber
Weihnacht, Winter ... es hat geschneit
Ruck zuck ist nun das Jahr vorbei
Warten auf den Frühling – eine neue Jahreszeit.

Wer sind wir?

Die ersten Sonnenstrahlen in unserem Garten
Nun brauchen wir nicht länger zu warten
Wir recken und wir dehnen uns
Die Hülle bekommt langsam einen Sprung

Am nächsten Tag auch wieder die Sonne scheint
Die Hülle fällt, es ist soweit
Wir zeigen uns zart grün und lind
Wenn voll wir ausgerollt dann sind

Die nächsten Monate wachsen wir
Geben Schutz so manchem Tier
Sorgen in der Welt für gute Luft
Spenden Schatten für so manche Vogelbrut

Dann kommt für uns die schönste Zeit
Ziehen an, unser buntes Kleid
Und danach, das tut besonders weh
Unser kurzes Leben zu Ende geht

Denn der, bei dem wir unser Leben verbrachten
Muss, so sagt er, auf sein Überleben achten
Er entzieht uns unseren Lebenssaft
Auf die Erde fallen wir massenhaft

Wer Glück hat, darf etwas länger leben
Im Erntekranz oder auf Blumenbeeten
Doch die meisten landen auf dem Komposthaufen
Als Humus kann man uns später kaufen

Herbstliches

Die Bäume, die ihr Laub verlieren,
Menschen, die zuhause frieren,
Vögel, die nach Süden ziehen,
Um der Kälte zu entfliehen

Wir machen nun die Heizung an,
Öffnen einen Rotwein dann,
Kuscheln uns in eine Ecke,
Brauchen zum Wärmen keine Decke.

Die Jalousien versperren die Sicht,
Schlechtes Wetter stört uns nicht,
Ein gutes Buch, in dem wir lesen,
Da kann es draußen ruhig regnen!

Mitten im Herbst

Die letzten Rosen blühen im Garten
Kinder in der Stube warten ...
Auf den Vater, denn der baut den Drachen –
Es ist Mitte Herbst

Die Felder sind nun abgeerntet
Die Wintersaat ist in der Erde
Erntedank feiert jetzt ein jeder –
Es ist Mitte Herbst

Stürme – mit und ohne Regen
Blätter von den Bäumen fegen
Autos bekommen Winterreifen –
Dann ist Mitte Herbst

Doch geh' ich in Geschäfte schauen
Was die Herrschaften da aufbauen
Dominosteine, Spekulatius ...
Printenherzen im Überfluss!

Ist nicht erst Mitte Herbst?
Wir haben September!
Oder bin ich zu spät?
Haben wir schon Dezember?

Ich rechne zurück
Und komm' zu dem Schluss
Dass keiner das Zeug ja kaufen muss!
Denn es stimmt –
Es ist erst Mitte Herbst!

Herbst

Die Herbstzeitlosen auf den Wiesen,
Nahrung für die letzten Bienen,
Astern blüh'n in manchem Garten,
Kinder auf die Ferien warten.
Es *wird* Herbst

Viele Blätter an den Bäumen,
Werden farbig und sie träumen,
Dass die Menschen sich erfreuen,
Am Farbenspiel – immer aufs neue.
Es *wird* Herbst

Auf Stoppelfeldern die Kinder toben,
Mit Drachen in der Luft – ganz oben!
Die Zuckerrüben auf den Feldern zu Hauf
Auch geht die erste Wintersaat auf;
Dann *ist* Herbst

Die ersten Nächte kalt und klar,
Sogar der erste Nachtfrost war ...
Tagsüber noch die Sonne scheint,
Auf den Bergspitzen hat's schon geschneit.
Dann *ist* Herbst

Wenn die Bäume alles Laub verloren,
Die Vögel sind in den Süden gezogen,
Die Sonne scheint nicht und Nebel zieh'n auf,
Die Menschen sind wieder mehr im Haus ...
Dann ist er vorbei – der schöne Herbst

Winteranfang

Kurz vor dem Fest, das alle lieben,
Steht im Kalender *Winteranfang* geschrieben,
Alle Laubbäume sind völlig kahl,
Ein Schneeschauer deckt sie zu – so manches Mal.

Aber es ist auch die Zeit der Lichter,
Aus dem Dunkel kommen die Bösewichter …
Sie zu vertreiben am Jahreswechsel,
Nimmt man Böller – die Nacht ist ein Hexenkessel!

Auch hält der Winter für jeden etwas bereit,
Ski fahren, wenn es in den Bergen schneit,
Reisen in Länder, wo die Sonne scheint,
Oder gemütlich daheim sein, wenn der Himmel weint.

Doch egal, welches Wetter uns zugedacht,
Der Bauer sich seine Gedanken macht,
Reicht das Futter für das Vieh im Stall,
Oder muss ich zukaufen, wie beim letzten Mal.

Des einen Freud', des anderen Leid,
Bei Glatteis haben sich Autos verkeilt,
Schon ist es wieder einmal soweit,
Der Mensch sich auf den Frühling freut.

Winter

Letzte Nacht, so gegen zwei,
Ist für uns die Nacht vorbei
Petrus hatte sich gedacht,
Jetzt mach' ich mal die Menschen wach.

Es ließ es donnern, blitzen, regnen,
Viele schrecken auf und beten,
Es ist Winter – aber kein Schnee in Sicht,
Ob das die *Klimaerwärmung* ist?

Zu viele Menschen, Fabriken, Flugzeuge …
Autos und Schiffe gibt es heute,
Denkt man an die Häuser, die gebaut,
Die Natur dies alles schlecht verdaut!

Es wird gerodet und verbrannt,
Die Menschen haben nicht erkannt,
Ein bisschen weniger davon wäre mehr,
Dann käm' statt Regen (im Januar) der Schnee daher

Spielverderber

Der Ferdinand steht auf der Brück',
Guckt ins Wasser und ist entzückt,
Ein Entenpaar schaut zu ihm hoch,
Er opfert ihnen sein Butterbrot.

Noch während die Stulle hinunter fällt,
Ein paar Möwen kommen ganz schnell,
Schnappen sich das Butterbrot,
Enten und Ferdinand schauen doof!

Der Regenwurm

Es regnet heut vom Himmel hoch,
Der Regenwurm, der findet's doof
Das Wasser läuft in seine Hütte,
Er hat Angst, er wird verschüttet

In aller Eile rennt er nach draußen
Und überlegt: wo soll ich jetzt hausen,
Denn Gefahren gibt's gar viele,
Angler und Hühner sind Beispiele

Da kommt eine gute Fee,
Hebt das Würmchen in die Höh'
Nimmt es mit unter ein Dach,
Dort kann es warten, bis der Regen lässt nach.

Symbole
Symbole gibt es gar viele:

Der Elefant steht für ein dickes Fell
Der Adler für ein scharfes Auge
Ein Wiesel ist wendig und schnell
Der Gepard steht für Geschwindigkeit
Die Eule, ja klar, ist für die Weisheit da
Und ...das Schaf für die Geduld

Auch Farben stehen für Symbole.

Zum Beispiel gelb für Neid und Eifersucht
Oder rot für die Liebe
Blau für treu und betrunken sein

Doch an was wohl jemand denkt,
der ein blaues Schaf verschenkt!

Anmerkung des Autors: die blauen Schafe stehen im nördlichen Emsland, in der Ortschaft Sögel. Ein Kölner Künstler hat sie gestaltet und sie sollen den Frieden symbolisieren.

Natur und Symbolik – beides findet sich auch wieder im Garten

Der Wolf im Schafspelz

Auf einer Wiese, saftig grün,
Treibt der Bauer seine Schafe hin.
Rundherum ein Maschendraht,
Damit kein *Fremder* Zutritt hat.

Die Schafe, die verteilen sich,
Fressen das Gras, das ist ganz frisch,
Irgendwann sind sie dann satt …
Zum Ruhen legen sie sich ins Gras.

Nur eines steht im Eck allein,
Es scheint satt, aber nicht müde zu sein.
Als es dann langsam dunkel wird,
Holt der Bauer seine Schafe in den Stall zurück.

Nur dieses Eine bleibt alleine stehen,
Hat der Bauer es übersehen?
Ein dunkler Schatten schleicht ums Gehege,
Der Wolf hat das einsame Schaf gesehen.

Mit Anlauf und 'nem kühnen Hüpfer …
Springt er rasant dann übers Gitter.
Als er das Schaf nun beißen will,
Hält dieses zum Erstaunen still!

Der Wolf hingegen ganz erschrocken:
Das Schaf ist aber hart gesotten!
Sein Gebiss tut ihm arg weh,
Das Schaf war nicht lebendig – neee.

Die Moral von der Geschicht'
Im Emsland beißt man Schafe nicht!

Dem Wolf zum Pech – dem Bauern zum Lachen.

Der Schrebergarten

Wenn der Winter ist vorbei,
Kein Frost mehr in dem Boden sei,
Die ersten Sonnenstrahlen blitzen...
Sieht man sie in die Gärten flitzen.

Vom Bauern eine Fuhre Mist...
Glücklich, der heut' noch eine kriegt!
Nun wird gegraben und geharkt,
Auch der erste Samen in die Erde gelangt.

Ein Frühbeet, abgedeckt mit Glas,
Damit man recht bald Pflanzen hat.
Der Gartenzaun, die Laube, Bänke...
Wird neu gestrichen durch fleißige Hände.

Wenn es im Sommer wächst und blüht,
Man einen zufriedenen Gartenfreund sieht.
Ein Grillfest ist dann der richtige Rahmen,
Allen zu zeigen, wie fleißig sie waren.

Tomaten, Gurken und Salat
Kartoffeln, Möhren, Blattspinat,
Äpfel, Kirschen, sogar Trauben,
Alles frisch ... kaum zu glauben.

Auch ist man stolz auf den Kohlrabi,
Radieschen, Rettich und Zucchini,
Ein Gartenfreund zum anderen spricht,
So groß wie meine, sind deine nicht!

Ach, sagt der Nächste, ohne Scham,
Meine Kohlköpfe man kaum heben kann!
So wird es Herbst, das Laub wird bunt,
Man hält „Erntedank" in froher Rund.

Nun trotzt der Grünkohl noch im Garten,
Er muss den ersten Frost abwarten.
So geht das Schrebergartenjahr zu Ende,
Bis zum Frühjahr,
Dann spuckt man wieder in die Hände.

Um zu graben, zu säen und sich zu freuen,
Wenn alles wächst und blüht von neuem.
Hoffen wir, dass wir das können erleben...
So lange wir wandern auf dieser Erden!

Der standhafte Ahorn

Im Garten steht ein Ahornbaum,
Ein Efeu klettert an ihm rauf,
Im Frühjahr, wenn die Blätter sprießen,
Kann man das zarte Grün genießen.

Die Monate gehen nun ins Land,
Die Sonne hat ihren höchsten Stand,
Dann ist das zarte Grün dunkel gefärbt,
Der Ahorn uns Menschen Schatten gewährt.

Drei Monate weiter im gleichen Jahr,
Ist der Herbst mit Stürmen da,
Der Ahorn bekommt ein buntes Kleid,
Aus grün wird rot, gelb und sogar braun –
Er ist nicht dagegen gefeit.

Dann steht er da mit kahlen Ästen,
Nur das Efeu gibt sein Grün zum Besten
Doch auch das welke Laub ist zu etwas nütze,
Auf dem Kompost sieht man Würmer und Käfer flitzen.

Jählings ist der Winter da,
Die Äste des Ahorns sind alle kahl.
In den letzten Tagen hat es geschneit,
Und der große Baum trägt ein weißes Kleid.

Bis plötzlich dann im neuen Jahr
Viele Knospen an ihm sind wieder da,
Das erste Grün zeigt deutlich an …
Unser Ahorn beginnt zu leben alsdann.

Die schlaue Maus

Auf der Mauer, auf der Mauer
Liegt die Katze auf der Lauer
Sieht die Maus in der Erde graben
Möchte sie zu gerne haben

Die hat die Katz' schon längst erspäht
Sie noch etwas schneller gräbt
Als sich die Katz' entschließt zu springen
Sieht sie die Maus im Loch verschwinden

Nun denkt die Maus, was mach ich jetzt?
Den Ausgang hat die Katz' besetzt
Die Katze denkt, ich warte noch…
Verhalt mich ruhig – ich krieg sie doch

Die Maus nun überhaupt nicht will
Dass die Katz' mit ihr den Hunger stillt
Da gräbt sie weiter wie der Blitz
Spritzt der Katze die Erd' ins Gesicht

Die macht nun kehrt und rennt davon
Die Maus hört 'nen erschrockenen Ton
Die Luft ist rein, die Katze weg
Die Maus sucht sich ein neues Versteck

Am Ende ist der Tod

Es treffen sich in einer Schale
Apfel, Birne und Banane
In einem Korb, gleich nebenan
Liegen Apfelsine, Kiwi, Traube dann

Aus einer spitzen Tüte schauen raus
Pflaumen vom Baum, dort vor dem Haus
Auch Stachelbeeren und ein Pfirsich
Stehen im Körbchen auf dem Tisch

Dann sich auch dazu gesellt
Ein Pfund Kirschen noch ganz schnell
Doch alle es gar nicht lustig finden
Dass sie in einem Topf verschwinden

Zuerst schreien Apfel, Birne und Banane
Uns wird's heiß… dass Gott erbarme
Nach einer Zeit das ganze Obst
Im Kochtopf durcheinander tobt

Plötzlich sich der Deckel hebt
'ne Kirsche in die Freiheit schwebt
Die anderen Früchte sind schon zerflossen
Etwas Wasser und Zucker werden darauf gegossen

Auch die Kirsche mit einem Schwung
Fällt wieder auf des Topfes Grund
Sie vermischen sich im Todeskampf
Zu feiner Marmelade ganz…

Pflanzzeit

Monat Mai steht im Kalenderblatt
Die Gärtnerei hat Pflanzen satt
Fritz fällt die Entscheidung schwer
In diesem großen Pflanzenmeer

Viele Kohlsorten und auch Salat
Hält der Gärtner hier parat
Es ist wirklich zum Haare raufen
Welche soll der denn nun kaufen?

Zum Glück fiel ihm da grad' noch ein
Geschrieben war ein Einkaufsschein
Er sucht in allen Taschen nach
Bis er ihn gefunden hat

Schwarz auf weiß steht nun darauf
Welche Pflanzen Fritz jetzt kauft
Kohlrabi, Weiß- und roten Kohl
Blattsalat und Tomaten wohl

Im Garten kommen sie in gute Erde
Dass daraus dicke Kohlköpfe werden
Die Tomatenpflanzen, fest angebunden
Dass kein Sturm sie kann verwunden

Dann muss er warten, hacken, gießen
Bis die ersten Blätter sprießen
Schmetterlinge kommen an
Setzen sich aufs Grün sodann

Als später dann der Kohl sich formt
Die Arbeit hat sich wohl gelohnt
Da sieht der Fritz es mit Erstaunen
Auf dem Kohl die ersten Raupen!

Chemie kommt für ihn nicht in Frage
Also eingesammelt und vergraben
Am nächsten Tag, welch Missgeschick
Die ersten Schnecken er erblickt!

Schnell werden diese eingesammelt
Und den Raupen gleich behandelt
Dann droht neues Ungemach
Er sieht's, als Fritz die Runde macht

Kaninchen, die im Zaun ein Loch gefunden
Ließen sich die Pflanzen munden
Und vom Kohl, auch vom Salat
Blieben Fritze fast kein Blatt

Im nächsten Jahr, das schwor er sich
Pflanz' ich rote Bete und Meerrettich
Doch es könnte durchaus sein
Der Maulwurf findet das dann fein!

Unser Wasser

Jeden Menschen, den man befragt
Was ihm teuer… etwas anderes sagt
Dem einen gilt die Gesundheit als höchstes Gut
Dem nächsten ein Freund, der ihm macht Mut

Die Familie steht gar hoch im Kurs
Mit den Finanzen auch alles stimmen muss
Einem Dritten wieder das Häuschen im Grünen
Nach dem er strebt auf der Lebensbühne

Wieder andere können es kaum erwarten
Einmal zu einer Weltreise zu starten
Auch ein schickes Auto wär' ein Traum
Frieden in der Welt… doch den gibt es kaum

Alles das kann man vergessen
Und der Mensch kann's kaum ermessen
Das höchste Gut – und nur das zählt
Ist sauberes Wasser auf der Welt!

Alles, was sich der Mensch geschaffen
Wär' ohne Wasser nicht zu raffen
Öl, Salz, Bodenschätze und auch Kohle
Blieben in der Erde – auf der vierten Sohle

Ohne Wasser gäbe es auch den Menschen nicht
Unsere Mutter Erde hätte' ein anderes Gesicht
…und ich sage mal voraus:

Haushaltet man mit dem Wasser nicht
Werden die Menschen sich streiten
....und ein Krieg bricht aus.

Die Menschen werden sich vernichten
Denn kein Lebewesen kann auf Wasser verzichten
Doch wer dem nun entgegen hält
Zwei Drittel sind Wasser auf unserer Welt

Dem sage ich: er hat wohl Recht
Wenn's dann zu gebrauchen ist durch Atom und Ölpest
Ich hoffe, die Menschen werden nachdenklich
Wenn sie gelesen haben mein Gedicht

Wassermangel

Es liegt im Bett der alte Bauer
Schaut aus dem Fenster und ist sauer
Wieder kein Regen in der Nacht
Die Sonne in sein Zimmer lacht

Das Korn ist reif, doch etwas zu klein
Der Ertrag wird dies Jahr weniger sein
Die Arbeit jedoch, die bleibt gleich
Sinniert er... *so wird man nicht reich*

Und erst das Vieh, das steht im Stall
Wird sicher zum Sanierungsfall
Denn zuviel Sonne, wenig Regen
Kein Gras, kein Heu – so ist das eben

Für ihn persönlich wär's schon netter
Käme jetzt viel schlecht'res Wetter
Und die ganze Ernte wäre versaut
Dann zahlt der Staat ihm 'nen Zuschuss aus…

Nun steht er auf und denkt noch nach
Was wär', wenn die Felder ich verpacht'
Ich könnt ein festes Einkommen haben
Und müsst' mich nicht das ganze Jahr plagen!

Tomatenanbau

Im Supermarkt kauf ich Tomaten
Obwohl wir haben keinen Garten
Trocknen wir aus diesen Früchten
Ein paar Kerne, um zu züchten

Und hoffen, dass aus diesen Kernen
Ein paar Tomatenpflanzen werden
In Töpfchen mit guter Blumenerde
Versenken wir die Samen gerne

Nun stehen sie auf der Fensterbank
Und wir warten … tagelang
Dann, tatsächlich sehen wir an einem Morgen
Sich etwas Grünes aus der Erde bohren

Schnell werden zarte Pflänzchen daraus
Wir stützen sie und sie wachsen geradeaus
Bald sind sie zwanzig Zentimeter hoch
Und verlangen nach 'nem größ'ren Topf

Der letzte Frost macht sich davon
Sie kommen jetzt auf den Balkon
Mit Dünger und frischer Erde versehen
Werden sie nun im Freien stehen

Sie gedeihen prächtig, weil's draußen warm
Und sie einen geschützten Standort hab'n
Fast siebzig Tage sind vergangen
Die Pflanzen schon zu blühen anfangen

Jetzt wird's spannend und es stellt sich die Frage
Ob wir Glück haben und sie auch Früchte tragen
Wir werden es beobachten und mit ihnen sprechen
Man hat uns gesagt … das würde helfen

Vier weitere Wochen sind vergangen
Seit dem sie haben zu blühen angefangen
Und tatsächlich, wenn auch noch klein
Sieht man ein paar Früchtchen zart und fein

Interessant ist's, ihnen zuzusehen
Wie sie werden groß und schön
Erst grün – dann gelblich, später rot
Schmecken sie zum Butterbrot

Es dauert weitere dreißig Tage
Die ersten Früchte kriegen Farbe
Doch weiter ging es Schlag auf Schlag
Bis jede Tomate geerntet ward…

Die Marguerite

Der Winter war dies' Jahr sehr lang
Und in der Erde wartet bang
Ob unter Beten und der Wiese
Unter anderem die Marguerite

Endlich – der erste Sonnenstrahl
Da dachte sie: probierst es mal
Schickte ihre ersten Blätter
Aus der Erde – ins Frühlingswetter

Per Sensor funkten sie zurück
Schwestern kommt, die Sonne zwickt …
Nun wuchsen aus dem Wiesengrund
Hunderte Pflänzchen in weiter Rund'

Nach weiteren warmen Sonnentagen
Ihre weißen Blüten in den Himmel ragen
Die Menschen sehen es und sind angetan
Was die Natur so alles kann

Doch dann droht plötzlich Ungemach
Ein Rasenmäher ihrem Leben ein Ende macht
Nun ist der Vorgarten wieder schön grün
Doch Margueriten sieht man keine mehr blüh'n! …Schade!

Erlebnis im Garten

Wenn das Wochenende naht
Wird die Kühltasche gepackt
Dann geht's in den Schrebergarten
Der Gärtner kann es kaum erwarten

Als erstes kommt der Rasen dran
Ihn muss man mähen – dann und wann
Damit man nicht die Nachbarn stört
Wird vor eins gemäht, wie sich's gehört

Mit ernster Miene sieht er dann
Ein Maulwurf zog durch die Bohnen seine Bahn
Alles wieder festgetreten …
Die Pflanzen können weiterleben

Im Salat sieht er die Schnecken
Die sich schnell vor ihm verstecken
Doch sie sind all' chancenlos
Landen fix auf dem Kompost

Nun gönnt er sich erst mal 'ne Pause
Gemütlich trinkt er eine Brause
Denn bei hellem Sonnenlicht
Verträgt man Bier wohl doch noch nicht

Vergnüglich schaut er in die Runde
Was er getan zu früher Stunde
Aus der Luft droht Ungemach
Zwei Amseln schauen im Garten nach

Und auf dem frisch geharkten Beet
Ein Regenwurm sein Köpfchen hebt
Die Amseln es gesehen haben
Und fangen sofort an zu graben

Die Erde spritzt bis auf den Weg
Der Gartenfreund sich schnell erhebt
Doch er will die Tiere nicht verjagen …
Eine reife Himbeere will er haben

Und dann am späten Nachmittag
Kommt die Familie angetrabt
Die Kohle im Grill wird angezündet
Und die Kühltasche geplündert

Schnitzel, Würstchen, Kartoffelsalat
Bier, Wein, Wasser stehen parat
Noch ein Salatkopf abgeschnitten
Mit frischen Kräutern in der Mitte(n)
Da das Wetter war passabel
Alle gut gegessen haben
Zu Hause blieb die Küche rein
Morgen – finden sich alle wieder ein.

Wolken, Wind und Sonne

Das Wetter ist ein Phänomen
Es gibt den Wind, man kann ihn nicht sehen
Doch wenn im Wald die Blätter rauschen
Bleibt man stehen, man kann ihm lauschen

Wenn er sich steigert gar zum Sturm
Äste brechen – drin ist der Wurm
Auch mancher morsche Baum abbricht
Sieht man's Ergebnis, den Wind sieht man nicht

Wagt sich der Mensch aufs Meer hinaus
Setzt Segel, fährt mit dem Boot geradeaus
Er bläht die Segel, er bewirkt die Gischt
Doch sehen – sehen kann den Wind man nicht

Die Sonne dagegen, die kann man sehen
Als Fixstern hoch am Himmel stehen
Sie wärmt die Erde, auf der wir leben
Ohne sie würde es all' die Menschen nicht geben

Natürlich kann sie uns auch schaden
Wenn Menschen zu lang sonnenbaden
Schlimmer noch, die Luft wir verpesten
Die Sonnenstrahlen dann unsere Atemluft zersetzen

Auch Wolken sehen am Himmel wir wandern
Einige treffen sich mit den Anderen
Tiefe Wolken als Nebel erfassen unser Gesicht
Das alles sieht man – den Wind aber nicht!

Die Kiefer

Ein Mann baut sich ein schönes Haus,
Dann schmückt er seinen Garten aus
Und, weil das Grundstück ziemlich groß,
Überlegt er: Was mach' ich denn da bloß?

Ein paar Bäume hätten Platz;
Kirschen und Äpfel – das wär' ein Spaß.
Auch für die Seele und die Augen
Würden Ahorn, Kiefer und Eibe taugen.

An Rhododendron hat er gedacht,
Eine Liegewiese wird auch gemacht,
Blumen blühen gelb und rot,
Jeder, der das sieht, ihn dafür lobt.

Doch einer hat ihn falsch beraten,
Nadelgehölz in einem Garten?
Wie man sieht, werden sie riesengroß
Und – wohin mit den vielen Nadeln bloß?

Die Wurzeln werden immer dicker,
Heben Steine und sogar Gullygitter,
Steht die Kiefer dann noch dicht am Haus,
Kommt man bald ohne E-Licht nicht mehr aus.

Früher, da durfte man vieles verbrennen,
Heut' die Menschen zum Umweltschutz rennen
Nadeln und Zapfen wärmten die Küche,
Heute bleiben für soviel „Abfall" nur noch
Flüche …
So entschloss sich irgendwann
Zum Abholzen der gute Mann,
Der Fachmann mit einer Säge kam,
Dann war die arme Kiefer dran …

Ast für Ast verlor der Baum.
Zum Schluss fiel der Stamm im leeren Raum,
Nun ist's zwar heller rund ums Haus,
Aber mit der Kiefer sah es doch schöner aus

Ungeduld

Wir tun die Erde in den Kasten,
In diesem Jahr sollen Gurken wachsen.
Also vier Samenkörner reingelegt
Und warten, ob sich was bewegt.

Und tatsächlich – nach gewisser Zeit,
Sich je ein Pflänzchen mit zwei glatten Blättern zeigt.
Dann heißt es düngen und auch fleißig gießen,
Damit die ersten großen Blätter sprießen.

Doch oh weh! Welch Missgeschick ...
Ein Hagelschauer unsere Pflanzen knickt,
Nur eine hat es überlebt,
Die wird nun doppelt gut gepflegt.

Gut erholt treibt sie Blätter und Blüten,
Am Balkongitter entlang tun wir sie hüten.
Zitronengelb, fast dreißig Blütchen,
Doch ... ist nichts zu sehen von einem Gürkchen!

Neugierig schauen wir jeden Morgen,
Ob unter einem Blatt etwas vorborgen.
Wir drohen: wenn du jetzt nicht wächst,
Wirst du in einer Woche abgesägt!

Wir gucken jeden Morgen aufs Neue nach,
Und nach drei Tagen macht sie es wahr ...
Vier Gürkchen hat sie angesetzt,
Jetzt kann man zusehen, wie alles wächst.

Wir gratulieren uns zu uns'rer Geduld,
Um nun zuzusehen, wie es wachsen „tut".
Die Moral von der Geschicht'

Alles braucht seine Zeit,
Sei so ungeduldig nicht!

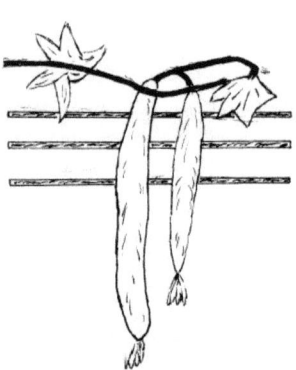

Der Kirschbaum

Ein Junge in dem Kirschbaum saß
Und munter Nachbars Kirschen aß
Frucht für Frucht verschwand im Mund
Die Kerne spuckte er weit ins Rund'.

Kein Gedanke, dass man dies nicht darf
Auch wenn kein Zaun im Wege war
Bis unter ihm der Ruf erschallt...
Komm sofort runter sonst – es knallt!

Nicht, dass ich 'ne Büchse bräuchte
Auch Backpfeifen machen Geräusche
Als der Jüngling runter kam
Der Nachbar ihn beim Kragen nahm.

Da half kein Bitten und kein Flehen
Sie nun zu seinen Eltern gehen
Oh weh denkt sich der kleine Mann
Jetzt staucht der Vater mich zusamm'.

Der Nachbar nun zum Vater spricht:
Kirschen klauen gehört sich nicht
Hätt' er mich doch vorher gefragt
Um ein paar Kirschen –
Ich hätte bestimmt nicht nein gesagt!

Wer ist das?

Tief in der Erde ist er zu Haus
Und streckt dort seine Fühler aus,
Wie ein Dieb, der von unten will in eine Bank,
So gräbt er sich durch den Sand.

Doch schaut er als Schössling aus der Erde,
Ihm kein langes Leben beschieden werde.
Bevor die Sonne ihm aufs Köpfchen brennt,
Kommt ein Mensch schnell angerennt!

Der Eine, wenn er freigelegt ...
Wird an der Wurzel abgesägt,
Denn nur im dunkeln bleibt er weiß und zart,
Wie der Mensch in gerne mag.

Von wem mag hier die Rede sein,
Wer meidet Tag und Sonnenschein?
Den, wenn man ihn dann wachsen ließ,
Erst ein blaues Köpfchen kriegt.

Dann wird er grün mit roten Beeren,
Um im nächsten Jahr sich zu vermehren.
Vom Spargel spreche ich – dem zarten Gemüse,
Auf dass man es mit:
brauner Butter oder Schinken genieße.

Frühjahrsputz

Wenn Bäche und Teiche vom Eise befreit
Kein Frost mehr in der Erde weilt
Die ersten Sonnenstrahlen vom Himmel blitzen
Sieht man sie mit ihren Gerätschaften flitzen

Alle Laubenpieper haben das gleiche Ziel
Und jeder nun der Erste sein will
Zu ihren Schrebergärten wollen sie alle
Nach dem langen Winter zum ersten Male

Von der Laube Tür und Fenster aufgerissen
Die Sachen müssen raus zum Lüften
Das Laub, was manche Staude bedeckt
Zusammen geharkt; auf dem Kompost gesteckt

Vom Bauern, bei dem noch Tierliebe zählt
Der seine Kühe auf Stroh im Stalle hält
Hatten einige Gärtner in den letzten Tagen
Eine kleine Fuhre Mist erhalten

Nun gilt es, ihn auf den Acker zu streuen
Denn die Pflanzen sollen später sich freuen
Wenn umgegraben und ausgesät
Die ersten Kleinen das Licht erspäh'n

Dann wartet der Rasen, will gelüftet werden
Einige Wegplatten neu unterfüttert mit Erde
Die Hecke zum Nachbarn noch einmal gestutzt
Regenrinne und Gartenbank werden geputzt.

Wenn dann alles ist gerichtet
Die ersten Pflänzchen sind gesichtet
Der Kirschbaum blüht in voller Pracht
Ich glaub, dann hat er alles richtig gemacht.

Gartenarbeit

Wenn der Winter ist vorbei,
Die Erde von Schnee und Eis befreit,
Maulwürfe diese flugs aufheben,
Dann beginnt das Gärtnerleben.

Bäume und Sträucher werden beschnitten,
Einen Anstrich braucht die Hütte,
Im Gewächshaus wird gesät,
Was später kommt ins Gartenbeet.

`ne Fuhre Mist, welch hohes Gut,
Vom Bauern, der noch streuen tut.
Nun wird gegraben und geharkt,
Alles hergerichtet für die neue Saat.

Dann warten alle auf Mitte Mai,
Bis die »kalte Sophie« ist vorbei;
Erst dann geht's im Garten Schlag auf Schlag,
Es wird gesät und ausgepflanzt.

Wenn alle Beete sind bestückt,
Es legt der Gärtner sich zurück.
Bis das erste Unkraut sprießt
Und bei Trockenheit man gießt.

Wenn alles dann wächst und gedeiht,
Der Gärtner schmunzelt und sich freut;
Kopfsalat und auch Radieschen,
Kann er bald darauf genießen.

Die Tanne

Es fing mit einem Samen an
Der fiel aus einem Zapfen dann
Auf die humusreiche Erde
Mit dem Ziel – eine Tanne sollt es werden

Er hatte Glück
Der kleine Samen
Und, obwohl noch viele kamen
Konnte er sich ganz allein
Festhalten im Erdenreich

Eine Wurzel wurd' getrieben
Und nach einem langen Jahr
Kam unter Laub und Nadeln
Ein zartes Pflänzchen an den Tag

Viele Jahre sind vergangen
Die Pflanze wurde stark und breit
Bis sie eine Tanne war...
Und im Dezember war es dann soweit

Sie hatte nämlich nicht das Glück
Alt und grau zu werden
Sie stand, von andren Bäumen fast erdrückt
An einem falschen Platz auf Erden

Mit einer Säge kam ein Mann
Zwei Minuten – und was war dann?
Aus war der Tanne Lebenskampf
Als Weihnachtsbaum starb sie dann ganz.

*Natur und Garten haben wir genossen, aber es gibt etwas, was unweigerlich auch an unseren Gärten vorbei fließt ... der **Verkehr** und auch Menschen, die ihrem **Beruf** nachgehen.*

Ampelmännchen

Menschen an der Ampel steh'n
Es ist rot – man darf nicht geh'n;
Da kommt ein Mann mit schnellem Schritt,
Die rote Ampel er nicht sieht …

Ein Passant, geduldig wartend
Ruft ihm zu: „es ist rot – da geht man nicht!"
„Was geht dich das an", ruft er zurück,
Da hält ein Auto, er hat Glück!

Als er die Straße überquert,
Ein Streifenwagen um die Ecke fährt,
Nun ist es um den „Rotsünder" geschehen
Die Polizei hat es gesehen.

Da hilft kein Reden und kein Klagen,
Ein Bußgeld muss er gleich berappen,
Inzwischen war die Ampel grün,
Grinsend die Anderen an ihm vorüber zieh'n.

Manche Menschen lernen's nicht –
Dass Vorschriften für alle sind,
Wie hier geht es nicht immer gut,
Vielleicht der Schutzengel doch mal ruht …!

Ein Schutzengel

Über die Autobahn fährt Fritz
Mit seinem Auto wie der Blitz
Fünf Jahre musst' er dafür sparen
Und ist sehr stolz auf seinen neuen Wagen

Rechts und links schon alles blüht
Davon kriegt er gar nichts mit
Den Fuß auf dem Gas probiert er aus
Was im Motor steckt – das holt er raus

Er rast dahin und denkt nicht nach
Dass blühen könnt' ihm Ungemach
Ein Stein, der auf der Fahrbahn liegt
Dann ein Vogel, der zu tief fliegt

Er sieht auch kein Schild, auf dem geschrieben steht
In einem Kilometer ein Wildwechsel geht
Gleich hinter der Kurve – er konnt' es nicht sehen
Die Fahrbahnen voller Autos stehen

Er tritt auf die Bremse, es schlingert der Wagen
Fritz hatte Glück, landete im Graben
Ein paar Schrammen und Beulen
Doch das schöne Auto … es ist zum Heulen

Nun fangen die Gedanken an zu kreisen
Wem wollte er mit der Raserei etwas beweisen
Fahr vorsichtig, hatte die Mutter gesagt
Aber was gilt schon von den Alten der Rat

Nun ist es zu spät, das Auto kaputt
Muss sehen, wer ihm zur Reparatur etwas pumpt
Und wie steht er vor seiner Mutter da
Sie sagte: Pass auf! – und er: Ja, ja, ja…!

Doch vielleicht muss immer erst was Schlimmes passieren
Um der *Alten* Ratschläge nicht zu ignorieren
Oftmals jedoch ist es zu spät
Wenn man schneller als der Schutzengel fährt

Unser Schutzmann vom Revier

Ein Schutzmann seine Runde macht
Grüßt hier und da die Nachbarschaft
Klingelt bei Frau Müller an …
Ob er etwas helfen kann

Denn er weiß, ihr Mann ist krank
Muss sie etwa mal zur Bank?
Schaut vorbei am Kindergarten
Ob da vielleicht Probleme warten

IHREN NAMEN
BITTE !

Die Kinder, die zur Schule radeln
Ohne Helm – er wird sie tadeln
Dem Autofahrer, der zu schnell
Nimmt er ab Verwarnungsgeld

Er sieht zu seiner großen Freude
Herrchen nimmt Hund an die Leine
Jugendliche, die durch die Gegend spucken
Sie müssen's mit dem Taschentuch aufputzen

Bürger lassen Papier zu Boden schweben
Er lässt sie sich bücken, es aufzuheben
Schaut auch in Kaufmanns Laden rein
Ob der verkauft an Kinder Tabak und Wein

Und wer ihn nach einer Straße fragt
Einen kleinen Stadtplan zur Hand er hat
Auch hilft er schnell mit Rat und Tat
Wenn jemand etwas verloren hat.

Man sieht… der Schutzmann im Revier
Ist unverzichtbar, das sag' ich dir
Vertrau' ihm deine Sorgen an
Im Ort ist Frieden – *für Jedermann!*

Eine Verkehrsampel

Man sieht sie an der Ampel stehen
Denn bei grün darf man erst gehen
Es könnt ja sein ... ein Polizist
Ganz in ihrer Nähe ist.

Nun gibt es doch auch Zeitgenossen
Die auf einen Zufall hoffen
Von links und rechts war kein Verkehr
Ein Schritt ... dann sah er gar nichts mehr!

Denn im Rücken, nicht zu sehen
Kam doch ein Auto, blieb nicht stehen
Der Autofahrer hatte grün
Und den Fußgänger zu spät gesehen.

Die Polizei wird später sagen,
Die Folgen hat er selbst zu tragen,
Er rechtfertigt sich mit wenig Zeit,
Nun er vierzehn Tage im Krankenhaus bleibt.

Und die Moral von der Geschicht'
Wart' an der Ampel bis das Rot erlischt
Dann kannst du gehen deiner Wege
Und kein Auto kommt dir ins Gehege.

Radfahrer

Wenn es noch dunkel in der Früh,
Dazu noch Regen – man fast nix sieht,
Fährt ein Radler ohne Licht
Mitten auf der Straße, es stört ihn nicht.

Ein Auto steht am Straßenrand,
Außer Atem kommt ein Mann gerannt,
Steigt in sein Auto schnell sodann,
Zündschlüssel rein – der Motor springt an.

Schaut in den Spiegel …
Die Straße ist frei,
Fährt los – zur Arbeit –
Es ist höchste Zeit.

Den Radler hat er nicht gesehen
Und der auf dem Rad, der bleibt nicht stehen.
Nun ist klar, was gleich passiert,
Der Radler den linken Kotflügel rasiert.

Gesundheitlich war nicht viel passiert,
Des Radlers Rad ein bisschen lädiert,
Die Polizei hielten Beide raus,
Sie tauschten nur ihre Adressen aus.

Die Moral von diesen Zeilen,
Der Radler muss in die Werkstatt eilen,
Denn außer Kosten für sein Rad,
Trägt er auch die,
Die er für die Kotflügel-Sanierung hat.

Alte Schule …?

'ne Dame, die nicht gut zu Fuß
Steigt an der Haltestelle in den Bus
Beim Fahrer ein Billet gekauft
Ein Blick … sie sich die Haare rauft

Im ganzen Bus kein Sitzplatz frei
Nicht in der linken oder rechten Reih'
Ein Kavalier der alten Schule
Schaut auf und springt von seinem Stuhle

Mit einem Lächeln im Gesicht
Dankt sie ihm und setzte sich
Noch ehe der Kavalier sich festhalten kann
Fährt der Bus schon wieder an

Und – wie könnt' es anders sein
Fällt er der Dame in den Schoß hinein
Zur Seite rutscht sie mit einem Satz
Nun haben alle beide Platz

Wenn er sich vorher nicht so breit gemacht
Die Dame hätt' gleich einen Platz gehabt
Er wär' im Bus auch nicht gefallen
Und belächelt worden –
                    von den Anderen allen.

Der rechte Weg

Es geht ein Mann mit Eigensinn
Auf dem Gehweg so dahin
Er geht ganz rechts, wie 's ihn gelehrt
Die entgegen komm', die gehen verkehrt

Auch wenn es ihm manchmal zum Schaden
In einer Pfütze geht er baden
Auch einer Gruppe Leute weicht er nicht aus
Er ist im Recht – geht geradeaus

Eines Tags hat sich's ergeben
Arbeiter eine Grube ausheben
Genau dort, wo er täglich geht
Es ist gesperrt der rechte Weg

Es ist dunkel, er eilt dahin
Ein Fall – ein Schrei, in der Grub ist er drin
Er glaubt nicht, was grad' ihm geschah
Er auf der rechten Seite war

Er übersah das Hinweiszeichen
Verlernt hatte er, mal auszuweichen
Als Lehre wollt er in den nächsten Wochen
Versuchen, nicht immer auf sein Recht zu pochen

Wenn zwei das Gleiche tun

Es geschah an einem Morgen
Ging in die Stadt, etwas besorgen
Eine rote Ampel stoppt meinen Schritt
Meine Frau, die wartete mit

Da kommt 'ne Mutter mit ihrem Kind
Auf dem Fahrrad an geschwind
Und statt zu halten beim roten Licht
Fährt sie weiter, man glaubt es nicht

Ich rufe ihr zu, sie müsse Vorbild sein
Da fängt die *Dame* an zu schrei'n
Dies ginge mich überhaupt nichts an
Und fuhr ganz schnell auch weiter dann

Auch ich setzt' meinen Weg nun fort
Denn grünes Licht zeigte die Ampel vor Ort
Den Rest des Weges dachte ich nach
Was die Mutter wohl mal macht

Wenn ihr Kind kommt in die Schule
Bei rot zu gehen, sie dann *nicht* duldet
Das Kind schaut staunend sie nun an
Und sagt: „Du bist doch auch bei rot gefahr'n!"

Feueralarm

Der Franz ist bei der Feuerwehr
Seinen Beruf liebt er gar sehr
Von ihm aus könnt' es irgendwo
So richtig brennen … lichterloh!

Stattdessen – jede Woche üben
Mal im Ort, mal auf den Wiesen
Denn es könnt' durchaus auch sein
Schlägt ein Blitz in's Heustadl ein.

So überlegt er Tag für Tag
Bis dann eine Idee er hat
Hoch überm Ort steht eine Hütte
Ein Hydrant ist in des Weges Mitte …

So schleicht er dann, als es schon dunkel
Den Berg hinauf mit krummem Buckel
Und stapelt rund ums ganze Haus
Holz zu vielen Haufen auf.

Darüber legt er nasses Gras
Das wird qualmen, welch ein Spaß
Mit literweis' Petroleum
Zünd' er alles an – rundum.

Ein Urlauber das Feuer sieht
Per Handy die Feuerwehr alarmiert
Als dann das erste Auto kam
War der Franz als Erster da.

Aus Nah und Fern: tatü – tata
Kommen Löschfahrzeuge an
Kommandos ertönen, Schläuche raus
Wasser marsch – bald ist's Feuer aus.

Der Brandmeister sich den Ort betracht'
Sagt: mutwillig hat jemand Feuer gemacht
Gleich mit der Suche wir beginnen
Den Lumpen werden wir bald finden.

Am nächsten Tag – die Sonne scheint
Polizei und Wehr suchen vereint
Den Brandort noch nach Spuren ab
Bald einer was gefunden hat.

Am Abend in der Feuerwehrhalle
Wurd' einiges erklärt zum Falle
Als Franz um Feuer ward gebeten
Sucht der sein Feuerzeug vergebens …

Ein Kollege fragt ihn: ist es das?
Und hält es ihm unter die Nas'
Als Franz die Initialen sieht
Es keine Ausrede mehr gibt!

Da Franz bislang war unbescholten
Und die Kollegen es so wollten
Muss er die ganze Aktion bezahlen
Darf aber seinen Job behalten!

Weil's noch mal glimpflich abgegangen
Der Franzl seinem Chef verspricht
Nie wieder Feuerchen zu wecken
Nicht einmal zu Übungszwecken

Merke! Wer Helfer in die Irre schickt
Auch wenn er nicht dabei erwischt
So könnte es doch durchaus sein
In der Zeit brennt sein eignes Heim!

Ärgerlich

Im Auto fährt ein junger Mann
Rasant über die Autobahn
Doch lässt er das Gas gleich los
Darf er fahren *hundert* bloß

Gerad kam so ein Schild in Sicht
Ein Blick auf den Tacho... da macht es klick
Nanu denkt er, wie kann das sein
Ich halte doch das Tempo ein

Die nächste Ausfahrt fährt er ab
Zurück bis er die Auffahrt wieder hat
Er möchte doch nun zu gern wissen
Ob ihn sein Tacho hat besch…

Er kommt an gleicher Stell' vorbei
Hält die Geschwindigkeit exakt auch ein
Die Polizei ihn sieht und fix
Hat das Gerät erneut geblitzt

Nun versteht er gar nichts mehr
Macht an der Ausfahrt wieder kehrt
Hält auf der Standspur den Wagen an
Fragt nach seinem Vergehen die Beamten dann...

Die halten Fotos in den Händen
Und fragen ihn, ob er nichts kann erkennen
Doch: das bin ich in meinem Wagen
Ich bin aber nicht zu schnell gefahren!

Die zwei Beamten schauen und fragen
Was glauben Sie, wofür Sie einen Sicherheitsgurt haben
Sie waren beide male nicht angeschnallt
Deshalb werden jetzt *zwei* Knöllchen bezahlt!

Er denkt, ich wäre besser weitergefahren
Dann brauchte ich jetzt nur einmal bezahlen...
Doch etwas Gutes hat es gehabt
Er fährt nun immer angeschnallt!!!

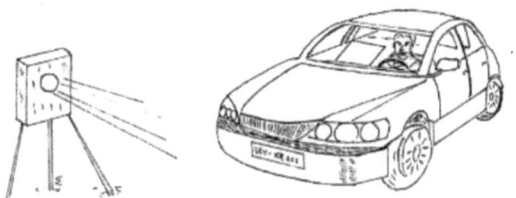

Arztbesuch

Seit vierzehn Tagen steht es fest
Der Patient beim Arzt sich sehen lässt
Morgens um neun Uhr ist der Termin
Eine halbe Stunde vorher geht er hin

An der Rezeption meldet er sich an
Die Dame schaut in den PC – und dann …
Es stimmt! Auch manuell wird er abgehakt
Im Wartezimmer wird er derweil geparkt

Dann vergehen Raum und Zeit…
Nach einer Stunde ist es soweit
Der Patient fragt an der Theke nach
Ob man ihn vielleicht vergessen hat

Wieso machen sie für neun Uhr einen Termin
Und ich bin um zehn Uhr noch immer beim Arzt nicht drin
Die Antwort kommt prompt …
Der Arzt gleich zu Ihnen kommt

Gleich war dann noch mal 'ne viertel Stunde
Die Visite nicht einmal fünf Minuten!
Ja, wäre man Privatpatient …
Dann hätte man seinen Termin wohl nicht verpennt!

Wieder zu Hause denkt er nach
Ob ein Arztwechsel vielleicht Sinn macht
Doch auch der hat sicher viele Patienten
Und als *Neuer* steht man wieder am Ende…

Gut gewachsen

Ein Weizenkorn, recht gut gewachsen
Musst' es sich gefallen lassen
Mit noch vielen, vielen andern
In einen Jutesack zu wandern.

Um im gesammelten Transport
Zu fahren an ein' geheimen Ort
Dort auf den nächsten Herbst zu warten
Um neues Leben dann zu starten.

Im Ackerboden angekommen
Wird Feuchtigkeit gleich aufgenommen
Um mit Willen und mit Kraft
Wurzeln zu treiben, damit man haft'.

Und dann, weil's gar so dunkel ist
Treibt es ein Blättchen an das Licht
Das alles dauert seine Zeit
Der Winter kommt – es hat geschneit.

Geduldig wartet das Pflänzchen ab
Im Frühjahr die Sonne den Boden getaut hat
Dann wächst es weiter mit einem Stiel
In einer Ähre sich Körner bilden viel.

Und wenn man sie abgemäht
Man sie in eine Mühle trägt
Dort zu Mehl gemahlen fein
Der Bäcker trägt im Sack es heim.

Dann in einem Trog geschüttet
Mit Wasser, Hefe, Salz gerüttelt
Bis ein Teig entstanden ist
Den man dann in den Ofen schiebt.

Heraus kommt dann in schöner Form
Ein Brot, aus herrlich weißem Korn
Der Mensch, der dies dann schnell verspeist
Vom Werdegang des Korns nichts weiß.

*...und dann gibt es noch die, die all' das aufschrei-
ben; man nennt sie einfach die **Schreiberlinge***

Die kleine Träumerin

Als sie in unsere Welt geboren,
War sie klein und ganz verloren,
Doch mit den Jahren wuchs sie heran,
Und fing ganz langsam zu träumen an ...

Im Garten spielen auf der Wiesen,
Mit Wasser die Burg im Sandkasten begießen,
Mit anderen Kindern spielen, die zuschauten am Zaun,
Die Erfahrung hieß – es war ein Traum!

Dann die Schule, wie freute sie sich,
Endlich sind viele Kinder um mich,
Hab' viele Freunde, bring sie mit nach Haus,
Es war ein Traum – es wurde nichts draus!

Und dann die Lehre in einer Fabrik,
Viele neue Menschen – erzählt sie – daheim zurück
Auch nette Jungen, mit denen geh' ich aus,
Es war ein Traum – es wurde nichts draus!

So wurden Bücher zu ihren Freunden,
Ob dicke oder dünne, egal, immer wieder neue,
Keiner redete ihr da hinein,
Sie konnte mit ihren Lieben alleine sein;
Doch es waren Träume – das sah sie ein.

Jahre später ging sie ins Leben,
Heiratete und ist endlich selbstständig gewesen,
Ins Kino, Theater, zum Tanzen wollte sie gehen aus,
Auch das ein Traum – es wurde nichts daraus!

Nach all den Jahren ...
Sie hatte viele hundert Bücher gelesen,
Kam die Idee, die Gedanken auf Papier festzulegen,
Und siehe da, es ging von der Hand,
Erzählungen, Gedichte, ein Roman entstand.

Plötzlich waren ihre Träume aufgeschrieben,
Und sie musste *nur noch* einen Verleger finden,
Wieder einmal gingen Jahre ins Land,
Ein Traum wurde wahr, als sie einen fand.

Als dann die ersten Bücher erschienen,
Sie kann's kaum glauben als sie vor ihr liegen,
Jetzt können alle mit ihr träumen,
Die sich dieses Büchlein kaufen ...
Doch einer spielte falsch!
Ein Traum – zum Haare raufen!

Nun wartet sie auf eine gute Fee
Die ihr hilft, die Enttäuschung zu überstehen,
Alle Bekannten und Freunde drücken ihr die Daumen,
Dass es noch klappt –
Mit ihren Träumen.

Auf Titelsuche

Ein Autor, ziemlich unbekannt,
Hat sein neues Werk „Das knallrote Fahrrad" genannt,
Als Info schrieb er ein paar Zeilen,
Kunden sollten bei seinem Buch verweilen.

Nun gab es jemanden, der interessierte sich sehr
Für diese Krimigeschichten und mehr...
Lief zur Buchhandlung, es zu besorgen
Dort vertröstet man ihn auf übermorgen.

Doch der Autor, der von der Bestellung hört,
Am gleichen Tag zur Post hinfährt
Und tatsächlich schafft es die Institution
Am nächsten Tag hatte der Kunde es schon.

Der fängt gleich zu lesen an
Zweifelt an seinem Verstand sodann.
Die Geschichte mit dem Fahrrad war nicht zu finden
Auch das Inhaltsverzeichnis wies nicht darauf hin.

Er macht für heute zu das Buch
Morgen wird wieder weiter gesucht...
Und dann hurra – er hat es entdeckt
Der Autor hat's auf Seite 251 versteckt.

Doch ein knallrotes Fahrrad hat der Leser übersehen
Man kann es auf Seite 169 lesen
Denn dieses Rad hat der Autor zum Anlass genommen
Und ist so zu dem Buchtitel gekommen.

Selbstzweifel

Jeder den es heut´ betrifft, fragt ... warum gerade *ICH*?
Was habe ich denn nur getan,
Habe ich nicht „genug" getan?

Was kann ich denn nur dafür,
War ich nicht immer pünktlich hier?
Bin doch immer gern gegangen,
Oft hab ich früher angefangen.

Meine Beurteilungen... ich kann nicht klagen,
Vorgesetzte immer zufrieden waren!
Und nun das, ich musste mit 53 Jahren gehen,
Hat man mich nicht leiden sehen?

Man sagt, die Arbeit wäre weniger geworden,
Oder hat man sie verlegt an einen fernen Ort?
Der Firma geht´s doch gut, die Aktien steigen,
Dürfen denn nur die Aktionäre nicht leiden?

Ich schaue mich um, bei der Bahn und Post,
Es geht auch da vielen Menschen so... aber ist das ein Trost?
Und dann mein Umfeld ... redet auf mich ein,
Ja du, du bist jetzt zu Haus, ist das nicht fein?

Wer nimmt mir die Zweifel, wer hält mich ganz fest?
Wer tröstet, weil man mich nicht mehr arbeiten lässt?
Wer sagt mir, wie ich über die Runden komme,
Bis ich in 7 Jahren „eventuell" Rente bekomme?

Viele Fragen ... die ich mir stelle,
Nach so vielen Jahren muss ich mich arbeitslos melden!
Erst wird es ja wie Urlaub sein,
Aber wie geht es mir nach 3 – 4 Wochen daheim?

Ich muss mich wohl daran gewöhnen,
Versuchen zu lächeln und nicht zu stöhnen!
Denn keiner dreht das Rad der Zeit zurück,
Und wer weiß... mein Hobby bringt mir vielleicht Glück.

Das Bücher schreiben ist meine Passion,
keiner stört mehr meine Konzentration.
Also positiv denken, auch ein wenig dankbar sein,
Es fördert meine Gesundheit, das tröstet ungemein!

Und sollte mich nach einem Jahr mal jemand fragen,
Möchtest Du wieder in der Firma zu arbeiten anfangen?
So hoffe ich, die Zweifel sind verschwunden
Und ich kann sagen,
Ich genieße jeden Tag, ja jede Stunde.

Der Lese-Freund

Die letzte Seite ist gelesen,
Spannende fünfhundert Seiten sind's gewesen
Und nun landet der Roman
Im Buchregal gleich nebenan.

Viele andere Bücher stehen schon da,
Die alle mindestens zweimal gelesen war'n
Nun sitzt er/sie da und überlegt,
... zum Bücherladen führt der Weg!

Es gilt, den Laden zu erkunden,
Nach einer Weile ist ein neues Buch gefunden,
Dann sah er noch einen Kartenstand,
Besondere Karten nahm er in die Hand

Einen Baum mit vielen Büchern dran
Ob man den in den Garten pflanzen kann?
So – denkt er sich – das wäre schön ...
Zwei Bücher im Monat, das könnte gehen.

Nach einer Weile erwacht er aus dem Traum,
Bücher wachsen nicht an einem Baum,
So wird er weiter sein Lesefutter kaufen
Und ... eventuell sein Bücherregal anbauen!

Bücherbaum – Vrs-Vivendi-Verlag

Doch es müsste etwas besonderes sein,
Da fiel ihm eine Zeichnung ein,
Die er in einem Katalog gesehen,
Sie war einfach wunderschön!

Doch ein Traum wird es ewig bleiben,
Denn das Gewicht wird mächtig sein,
Zu schwer, um es an die Wand zu hängen…
So bleiben ihm seine Regale in den Zimmern.

Bild aus dem Kölner Stadtanzeiger

Etwas vorlaut…

Einige Autoren trafen sich im Hotel
Ein gemeinsames Buch wurde dort vorgestellt
Geschichten hatten sie geschrieben
In denen oft Leichen am Boden liegen

Ein Zufall war's und nicht gleich klar
Davon einer von 'ner Zeitung war
Mit spitzer Feder aufs Papier gebracht
Rief man auf zur Künstlernacht

Eine Vielzahl traf sich nach der Kunde
Zu Ausstellung und Lesungen in kleiner Runde
Es traf der Maler, der macht in Aquarell
Auf den, der Bilder in Öl ausstellt

Schmiedekunst und Holzarbeiten
Einige auch filzen zeigen
Die tollsten Kunstwerke aus Papier
Zeigten Künstler auf einmal hier

Dann wurde die Idee geboren
Und bei allen für 'nen Verein geworben
Doch erst einmal wollt' man sich treffen
Und sich gegenseitig helfen

Man stellt sich also vor mit Namen
Sagt was man macht und woher sie kamen
Erstaunt muss man zur Kenntnis nehmen
Gleiche Namen gibt's oft im Leben

Ein Witzbold antwortet als er gefragt
Was er als Künstler denn so macht
In Farbe war sein Kommentar
Wobei verkaufen – oder malen? offen war

Nach zwei Jahren ist es nun geschafft
Wir haben schon vieles gemeinsam gemacht
Ein Künstlerverein sind wir geworden
Und lassen den Worten nun Taten folgen!

Reime

Jeder, der es mal probiert,
Ob Volksschüler oder studiert,
In Versen etwas auszusagen,
Weiß, man muss sich damit plagen.

Wenn er dann Gefallen findet,
Wie man die Worte so verbindet,
Und schmunzelt man sogar beim Lesen,
So ist das doch ganz nett gewesen.

Auch könnt es im Prinzip nicht schaden,
Würd' man über des Dichters Zeilen lachen,
Denn, wie man sagt, ist das gesund,
Man was fürs Wohlbefinden tut.

Der Clou des Ganzen wäre wohl,
Man sich die Zeilen mehrmals holt,
Um sie gern noch mal zu lesen,
Ja dann – dann sind sie gut gewesen.

Hat man viele solcher Zeilen gefunden,
Sie zu einem Buch gebunden,
Manche Leser es haben wollen,
Dann kann man dem Autor Beifall zollen.

Es ist soweit!

Der Autor hat sein Werk geschrieben,
Und denkt ... ich lass es erst mal liegen!
Doch dann entdeckt er in der Zeitung,
Bis zum Tage „xxx" eine Beteiligung.

Nun wird der Drucker schnell bemüht,
Seite um Seite Papier er zieht.
Jetzt kommt das schönste am Roman –
Es wird korrigiert, fortan!

Fünfmal gelesen, neu ausgedruckt,
Ein anderer über den Text noch guckt.
Er findet, wie könnte es auch sein,
Fehler auf vielen Seiten – wenn auch klein.

Also: geändert und neu gedruckt,
Der Autor nochmals drüber guckt.
Uff ... geschafft, kein Fehler von oben bis unten,
Ein Briefumschlag ist schnell gefunden.

Begleitbrief und Vita mit hinein,
Zur Post, denn man muss sich beeil'n.
Man hat es gewagt ... wartet, hofft und bangt,
Ob die Geschichte gefällt 'nem Verlag!

Wenn nicht ... der Autor hat jetzt wieder Zeit,
                 (er macht's eben selbst)

Ein Foto für den Umschlag liegt bereit.
Die Druckerei macht ein Angebot,
Nun prüft er, welche Stückzahl sich lohnt.

Als alles beisammen, nochmals kontrolliert,
Der Autor zu seiner Druckerei marschiert.
Nach vier Wochen endlich – die Bücher sind da ...
Jetzt hofft er, sie zu verkaufen in einem (?) Jahr!

Auf'm Weihnachtsmarkt

Beim Weihnachtsmarkt, man mag's kaum glauben
Und reibt verwundert sich die Augen
Da gibt es so ein Rentnerpaar
Das war vor Jahren noch nicht da

Die zwei woll'n keine Mandeln kaufen
Und Glühwein woll'n sie auch nicht saufen
Nein, die haben einen Stand
Dort hängen Bücher an der Wand

Selbst geschrieben, selbst gedichtet
Auf dem Einband abgelichtet
Bieten sie hier Prosa feil
Auf'm Weihnachtsmarkt…
        Mensch, ist das geil

Endlich einmal geistige Nahrung
Völlig neu ist die Erfahrung
Zwischen Glühwein, Würstchen, Tand
Ei der Daus – ein Bücherstand

Kauft ihr Leut' und seid gewiss
Wer liest, bestimmt im Vorteil ist
Denn trotz CD's und iPhone-Traum
Ein Buch muss untern Weihnachtsbaum

Und nicht zuletzt, denkt an die Alten
Die hier trotz Frost die Stellung halten
Voll Idealismus und mit Herz
Rentner halt – ganz ohne Scherz

Gedankenspiel

Was ihr einfiel in der Nacht
Am Morgen zu Papier gebracht
Der Autorin das noch nicht genügt
Als sie es zu Versen fügt

Nun sollen sie sich auch noch reimen
Denn lesen sollen Andere diese Zeilen
Es dauert wieder viele Tage
Um weitere Zeilen zusammen zu tragen

Auch diese wieder mit Bedacht
Zu einem Vers dazu gemacht
Und immer noch ist Platz zum Schreiben
Auf den vielen leeren Seiten

Der Autorin fällt nun nichts mehr ein
Darum beendet sie den schönen Reim
Um dann im nächsten Augenblick
Mit einer Geschichte zu versuchen ihr Glück

...*und dann kommen die **Feiertage** und mit ihnen mangelt es an **Zeit** und der **Stress** naht* ...

Ist so das Leben ? So ist das Leben !

Ohne dass man es gewollt,
Wurd' man auf die Welt geholt;
Dann ging es weiter mit dem Zwang,
Sechs Jahre alt: Schulanfang!

Nach acht Jahren – die Zeit verrann,
Fing man eine Lehre an;
Nach drei weiteren Jahren, schön und schwer,
Musste eine Prüfung her ...,
Denn wir wissen wie das ist,
Ohne Prüfung läuft halt nichts.

Danach denkst du: Uff – geschafft!
Denkste!
Jetzt verlangt man nach deiner Arbeitskraft.
Und wieder wird der Mensch *gezwungen*
Zu schaffen – mit und ohne Überstunden.
Man merkt es kaum, die Jahre rennen
Und plötzlich muss man dann erkennen...

Wir sind dieses Jahr gerade fünfundfünfzig geworden,
Die Firma sagt: die Arbeit ist weniger aller Orten
Und bietet einem plötzlich an:
Wollen Sie vielleicht den Vorruhestand?

Tja – nun überlegst du: ist jetzt alles vorbei?
Man kann's noch nicht fassen!
Ganz ohne Arbeit?
Doch dann – nach einer gewissen Zeit
Denkst du: Mensch,
Jetzt bist du für etwas anderes bereit.

Man wird nicht mehr *gezwungen*,
Oder doch ... ?
Man wird sehen – wie viel Zeit bleibt denn noch?
Die Hoffnung wächst, es geht doch weiter
Und vor allem: gesund und heiter!

Immer im Stress

Kaum, dass ich geboren bin
Rennt die Zeit nur so dahin
Das Alleinsein ist bald vorbei
Es geht in den Kindergarten... so mit drei

Grad' hat man sich daran gewöhnt
Ist auch der gleich schon verpönt
In die Schule geht's mit sechs
Der Leistungsdruck nun langsam wächst

Heut' geht man nicht acht Jahre nur
Muss pauken bis zum Abitur
Der Eine geht zur Bundeswehr
Oder Sozialdienst – bitte sehr

Nun muss noch eine Lehrstelle her
Nur mit Beruf – da bist du wer
Danach bleibt dir nur das Hoffen
Eine Arbeitsstelle ist noch offen

Die Jahre, die du dann so schaffst
Hast du vielleicht etwas verpasst?
Heirat, Kinder und ein Haus
Mancher Urlaub fiel mal aus

Enkel waren plötzlich da
Und du wurdest Großpapa
Und im Nu ist's dann soweit
Deine Rente du einreichst

Wenn die dann kommt, bist du erstaunt
Was der Staat dir alles klaut
Es bliebe, hättest du nicht vorgesorgt für eine Not
Für jeden Tag ein Butterbrot

Das letzte Viertel beginnt mit Glück
Nun denkst du an die Zeit zurück
Die gerannt ist Jahr für Jahr
In der du meistens unfrei warst

Reibst vergnügt dir nun die Hände
Vorbei sind all die vielen Zwänge
Bist zufrieden mit den Tagen
Obwohl man dich ins Leben geholt hat – ohne zu fragen!

Vergesslichkeit

Kein Mensch ist davor gefeit ...
Das Wort heißt hier *Vergesslichkeit*
Es ist weltweit einsetzbar
Der, der fragt, weiß nicht, ob's wahr

Die Hose ist dreckig – wo hast du gesessen?
Die einfache Antwort: „Ich hab's vergessen"
Mathearbeiten – sie sind ein Graus
„Herr Lehrer, ich hab' sie vergessen zu Haus!"

Den Haustürschlüssel oder gar Steuern zahlen
Man kann es doch einmal vergessen haben
Beim Hausarzt macht man einen Termin
Hat dann keine Schmerzen mehr und vergisst auch ihn

Zu bestimmter Zeit will man die Freundin treffen
Kommt zu spät und sagt: „Ich hab's vergessen"
Das passiert dir nur einmal – dann ist sie weg
so auch der Zug,
   wenn du vergisst, was in der Anzeige steht

Nur etwas sollte man nicht vergessen
Wenn man zu Freunden sagt: wir gehen gemeinsam essen…!
Oder seinen eigenen Hochzeitstag
Den Rest des Lebens man schlechte Karten hat!

Werbung

Die Werbung schreit einen täglich an
Dies und das muss jeder hab'n
Nicht nur Neues war erfunden
Altes, neu verpackt, muss an den Kunden

Dabei ist es ganz egal
Ob man es braucht in jedem Fall
Denn der Haushalt ist komplett
Kein Produkt zurzeit defekt

Manchmal ist's besonders schlimm
Doch man kann ihr nicht entflieh'n
Ob in der Presse, TV oder Radio
Oft aggressiv und ohne Niveau

Sogar Geldinstitute stehen nicht hinterdrein
Für Kunden richten sie ein Konto ein
Der Werbung ist's dann ganz egal
Wenn bald alle bei ihnen Schulden haben – und das ganz legal

Werbung gibt es auf riesigen Plakaten
Rechts und links, sogar über den Straßen
Der Autofahrer schaut und große Augen macht
Der Vordermann hält an … schon hat's gekracht

Auch Menschen, die in ein Stadion gehen
Um sich 'ne Sportveranstaltung anzusehen
Können sich der Reklame nicht entziehen
Sie wird per Kamera auf's Spielfeld geschrieben

Auch in den Städten ist Werbung 'ne Plage
Sie verschandelt so manche Hausfassade
An Laternen, sogar am Ampelmast
Wird mittlerweile Reklame angebracht

Mit Schrecken denk' ich an die nächsten Wahlen
Wenn das Land überschüttet wird mit Plakaten
Ich mach mir Gedanken, die Frage sei erlaubt
Ob man soviel Werbung überhaupt braucht

Denn die Kosten sind immens
Für mich ergibt sich als Konsequenz
Ein Produkt, das man mit viel Geld bewerben muss
Hat irgendwo 'nen Pferdefuß.

Standfest

Unerschütterlich steht sie am Straßenrand
Bei jedem Wetter – im Sonnenschein und Regenwand
Auch im Winter bei Eis und Schnee
Sieht man sie steif und ruhig da steh'n

Sie blickt auf die Menschen, die des Weges eilen
Andere, die unter ihr verweilen
Eventuell, um sich zu treffen
Oder bei der Orientierung im Ort zu helfen

Sie erträgt so manchen Zeitgenossen
Der sie umarmt, weil er besoffen
So mancher Vogel auf ihr landet
Hunde suchen bei ihr nach Verwandten …

Sie muss auch Schmierereien ertragen
Man hängt Plakate auf, ohne zu fragen
Manch eine wird gar sehr geschunden
Verkehrsschilder und Papierkörbe werden ihr umgebunden

Nun weiß ein jeder, von wem die Rede ist
In dunkler Nacht spendet sie Licht
Manch einem sie das Schlafzimmer erhellt
Weil man die *Straßenlaterne* vor sein Fenster gestellt.

Denk dran ... !

Ein jeder Mensch, der trinkt und isst,
Ihn irgendwann der Darm mal zwickt.
Passierts daheim, ist's kein Problem,
Erreicht er's Örtchen ganz bequem.

Erwischt es ihn mal in der Stadt,
Eine Möglichkeit er noch hat ...
Ein Kaufhaus oder eine Kneipe,
Vorausgesetzt sie sind offen, beide.

Doch fährt er Straßenbahn, oh Schreck,
Die letzte Haltestelle, gerade weg ...
Dann muss er kneifen, was ihn schmerzt,
Denn wenn er aussteigt, ist
Der Fahrschein *ausgemerzt.*

Noch ärger ist' auf Autobahnen,
Fährt er dort schnell mit seinem Wagen,
Dann drückt es ihn mit Sicherheit ...
Wenn kein Häuschen weit und breit.

Da lob ich mir die Eisenbahn,
Ein Örtchen hat fast jeder Wag'n,
Doch halt, hier gibt es ein Problem,
Du darfst nicht, wenn der Zug noch steht!

Nun merke, gehst du aus dem Haus,
Denk dran, tritt besser vorher noch mal aus ...
Dann gibt es kein Zwicken und kein Klagen,
Kannst fröhlich in die Welt raus fahren!

Es war einmal
In 100 Jahren der dritte Rathausbau
1910 – 2010
man gönnt sich ja sonst nix

Das „alte" Rathaus abgerissen,
Ein neues musste her,
Nun steht's als UFO in der Stadt
Und wir sind auch wieder wer …

Was scheren uns die vielen Schulden,
Die dafür wurden schnell gemacht,
Dem Volk machen die Politiker weis,
Dass sie an alles haben gedacht;

Zum Beispiel, dass in allen Firmen
Die Arbeitsplätze abgebaut
Und von der geringen Rente,
Keiner in den neuen Läden kauft …

Auch die Pacht wird saftig sein,
Ist das Haus doch nur gemietet,
Die Verwaltung denkt sicher schon vereint,
Wie man für die Bürger schnell 'ne neue Steuer erfindet!

Auch stehen jetzt wieder Häuser leer,
In denen die Politik bislang getagt,
Vielleicht erkennt es auch der Bürger:
Die, die Verantwortung tragen, haben versagt!

Warten auf Besserung

Kaum zu glauben, aber wahr
Dass es so etwas bestimmt mal gab
Freie Fahrt für freie Bürger – hieß es nach dem Krieg
Jeder durfte fahren, wie es ihm beliebt'

In einem Jahr, beinah' nicht zu fassen
Mussten im Straßenverkehr tausende ihr Leben lassen
In einem Artikel habe ich gelesen
1955 sind es 12.000 Menschen gewesen

Erst danach wurden die Politiker wach
Die Autofahrer schrieen weh und ach
Zwei Jahre Diskussionen ohne Ende
Dann endlich kam bei uns die *Wende*

In geschlossenen Ortschaften wurden 50 (km/h) erlaubt
Dann durfte man wieder rasen, dass es staubt
Unfälle waren programmiert
Und es dauerte fünf Jahre, bis man entschied…

Auf Landstraßen darf man nur noch 100 (km/h) fahren
Erst auf der Autobahn kann man wieder rasen
Doch weil viele Mitmenschen die PS nicht beherrschen
Und mit hoher Geschwindigkeit über die Straßen preschen

Musste eine neue Regelung her
Auf vielen Straßen 130 (km/h) und nicht mehr
Und immer noch hört man Tag für Tag
Verletzte und Tote, zu schnell – es hat wieder gekracht

Wann lernen die Menschen, Rücksicht zu nehmen
Statt zu riskieren ihrer und anderer Leben
Man könnte ja überall Polizei postieren
Die alle Autofahrer auf allen Straßen kontrollieren

Ich glaub', es gäbe weniger Unfälle – ganz bestimmt
Doch höre ich's Geschrei, wenn der Staat noch mehr Steuern nimmt
Denn ob Radar oder Beamte, die muss man bezahlen
Also wäre es doch besser, zurückhaltender zu fahren

Vielleicht regelt sich aber alles von selbst
Wenn ein Öl-Land nach dem anderen die Produktion einstellt
Die meisten Rohölquellen sind versiegt
Und keiner für sein Auto mehr Flüssiges kriegt…

Das / ein Fossil ?

In unserer modernen Welt
Zählt bei den Meisten nur noch Geld
Doch es soll auch Menschen geben
Die ohne diesen Schnickschnack leben

Technik – einmal rund um die Uhr
Keine freie Minute hast du pur
Das persönliche Gespräch wie einst
Heute auf der Strecke bleibt

E-Mail, Fax und SMS
Keine Zeit mehr für 'nen Treff
Wo ist die alte Zeit geblieben
In der man Briefe hat geschrieben

Man schaut fern, hört Radio (?)
Die Technik folgt dir bis aufs Klo
Wer macht heut' noch in Familie
Am runden Tisch Gesellschaftsspiele

Und dann im Land die Kartenflut
In jedem Laden man danach fragen tut
Von Anderen wirst du fast verlacht
Wenn du nicht mindestens zehn davon hast

Mit Werbung wirst du totgeschlagen
Man sagt: dies und das musst du noch haben…
Egal, ob du bald pleite bist
Und den Überblick verlierst

Was ist das bloß für eine Welt
Im eignen Land nur Englisch zählt
Und dann noch die Computersprache
Ich kann darüber nur noch lachen

Überall stehen Automaten
Zum Einkaufen brauchst du keinen Laden
Kein Mensch, der dir etwas verkauft
Ohne Kreditkarte du dir die Haare raufst

Auch die Freizeit ist verplant
Ob Schwimmbad, Disco, Freizeitpark
Die Kreativität verloren geht
Irgendwann ist's dann zu spät

Drum benutz' den ganzen Technikwahn
Nur im äußersten Notfall dann
Auch wenn die Menschen dich belächeln
Die nach jedem Schnickschnack hecheln…

Die andere Zeit

Herr Meier Richtung Bahnhof eilt
Da kommt Herr Krause, den fragt er nach der Zeit
Der schaut auf die Uhr … ¼ nach zwei
Oh je, sagt Meier – schon ein viertel drei

Und während er schnellen Schrittes weitergeht
¼ nach zwei – Meier überlegt
Hat man uns in der Schule nicht beigebracht
Dass eine Stunde vier Viertel hat?

Also viertel; halb; dreiviertel und voll
    er ist in Not
Beim Bäcker verlangt man ein Viertel Brot
Und bei der Milch – dreiviertel Liter, bitte
Oder ist ein Viertel von einem Liter Sitte?

Als Herr Meier dann auf dem Bahnsteig steht
Plötzlich der Lautsprecher plärrend angeht
Sein Zug hätte Verspätung – fünfzehn Minuten
Und wieder denkt er: 'ne viertel Stunde
         Musste mich nicht sputen

Meier, der endlich im Zug dann saß
Dachte noch immer darüber nach
Ob vielleicht das Viertel *nach* und das Viertel *vor*
Der Deutsche für sich allein auserkor

Dass in Europa man von ¼ vor 7 spricht
Nur ich allein begreif das nicht…
Und als der Zug sein Ziel erreicht
Die Uhrzeit überließen uns die Franzosen – vielleicht?

Er nimmt sich vor, ich pass mich an
Sagt ¼ vor und ¼ nach sodann
Und trotzdem muss er noch überlegen
Ist's später als zwei oder früher als drei gewesen.

Alles braucht seine Zeit

Meldereiter ziehen übers Land
Machen Neuigkeiten flugs bekannt,
Das konnte dauern, je nach dem,
In welchem Land *war was geschehen*.

Telegraph und Autos wurden erfunden,
Schneller sollte man hören die Kunde,
Später gab's Flugzeuge aller Art,
Und der Clou hieß – Fernsehapparat!

Nicht zu vergessen, es gibt die Presse,
In allen Ländern unserer Erde.
Nun weiß ein jeder Tag und Nacht,
Was der Nachbar Neues hat.

Es geht nun schnell, da man kann fragen,
Das Neue, kann man das jetzt haben?
Nein, nun muss man erst probieren,
Und ... wer soll das Ganze finanzieren?

Da gibt es Behörden und Beamte
Parteien, die gefragt werden – alle!
Bis das geklärt ist ... können Jahre vergehen,
Denn es handelt sich um ein Vermögen –
ist zu verstehen?

Nun überleg' ich, was habe ich gewonnen,
Ach ja, bin schneller an Informationen gekommen.
Und wenn man es nicht umsetzen kann,
Schicken wir wieder den Meldereiter über's Land.

Doch sollte dann – wie bei uns geschehen,
Eine Bahn mit neuer Technik „schweben",
Über Jahre nur im Probelauf ...
Dann wird die Erfindung ins Ausland verkauft!

Nun gehen Erfinder und Techniker gleich mit,
Und unser Land mal wieder in die Röhre sieht.
Was sind da schon ein paar Millionen,
Die kann man sich schnell wieder holen,
Wenn Arbeitsplätze daheim entstehen,
Wird man vom Ausland Devisen sehen.

Wer nicht wagt, der nicht gewinnt,
Das wusste früher schon jedes Kind!

Die Zeit

Jede Stunde, die verflossen
Die wir haben nicht genossen
Wird fehlen uns am End' des Tages
Beraubt uns manchmal auch des Schlafes

Ein jeder Tag, der zu Ende geht
Den wir nicht friedlich haben gelebt
Ende der Woche müssen wir erkennen
Dass wir ihn nicht zurück holen können

In einer Woche kann viel passieren
Ein Mensch kann sein ganzes Geld verlieren
Er hat Mühe, das zu kapieren
Bleibt ihm die Zeit, es zu reparieren?

Ein Monat ist für manchen lang
Besonders, wenn er wird mal krank
Dann muss er fest im Bette liegen
Die Zeit – kein Mensch kann sie wiederkriegen

Drum denk, wenn's Jahr zu Ende geht
Du warst gesund und hast gelebt
Ein schönes Heim und keinen Streit
Dann dank dem Herrn ... nach Möglichkeit

Der Lauf der Zeit

Die Sekunde, wie ein Wimpernschlag
Kaum zu zählen, Tag für Tag,
Verbrüdern sich jedoch sechzig Sekunden,
Wird daraus schon eine Minute.

Wenn sich nun Minuten verbinden,
Das weiß heute jedes Kind ...
Wenn der große Zeiger einmal rund,
Ist vorbei eine ganze Stund.

Nun wird es leichter mit den Zahlen,
Vierundzwanzig Stunden sind ein Tag.
Was ist schon ein Tag in unserem Leben,
Mal sieben – dann ist es eine Woche ... eben.

Vier Wochen sind in allen Fällen,
Ein Monat, man kann sie zusammenzählen.
Nun ist für manchen Zeitgenossen,
Ein Monat schon viel – er denkt an seine Kosten!

Jetzt wird es für ihn ein rechtes Problem,
Wenn die Monate sich zu einem Jahr vermähl'n;
Für Steuern, Miete und andere Ausgaben,
Ist die Zeit vorbei – jeder will sie haben.

So reihen sich Jahr für Jahr aneinander,
Die Zeit vergeht bei mir wie bei anderen,
Erst wenn unsere Lebensuhr abgelaufen,
Haben wir von der beschriebenen Zeit
                  einen ganzen Haufen!

Im Wandel der Zeit

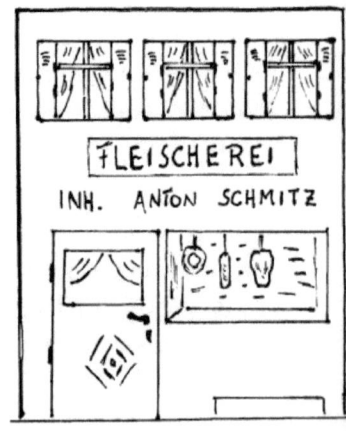

Als es noch den Bäcker gab,
Der in der Nacht gebacken hat,
Um für seine Kunden morgens im Laden,
Brot und Brötchen frisch zu haben

Als es noch den Fleischer gab,
Der noch selbst geschlachtet hat,
Daraus zu machen Wurst und Braten,
Daran sich seine Kunden labten

Dann gab's den Krämer an der Ecke,
Der hatte Zucker, Erbsen, Mehl und Fette –
Auch für den Haushalt unerlässlich,
Kerzen und Streichholz selbstverständlich

Es gab auch den Obst- und Gemüsehändler,
Bot alles feil auf einem Ständer,
Der Kunde zeigte auf die Sachen,
Der Händler tat's ihm in Tüten packen

'nen Extraladen gab es für Milch und Käse,
Auch Butter und Sahne standen *hinter* dem Tresen,
Eine Milchkanne war mitzubringen,
Auf dem Heimweg mussten wir singen*

Brauchte man Hammer, Nagel oder Haken,
Ging man in einen Eisenwarenladen,
Unterwäsche, Nachtgewand …
Natürlich im Wäschegeschäft man fand

Für Lampen, Radio und auch Kabel,
Sogar für Holz und Kohlen gab's einen Laden,
Ach – wie lange ist das schon her,
Aufzuschreiben gäb's noch mehr …

Und heute, wo sind sie geblieben,
Die kleinen Läd'chen, die wir liebten,
Alles wegrationalisiert,
Ein Kaufhaus hat man installiert

Dort nimmt man einen Einkaufswagen,
Alle Sachen kauft man in *einem* Laden,
'ne Bedienung sucht man vergebens meist
Das ist unsere neue Zeit!

Damit man auf dem Heimweg nicht schon an der Milch naschte...

Datenzauber

Der Mensch im Land ist es gewohnt
Der Staat sich alle Daten holt
Natürlich hat er nur Gutes im Sinn
Er hilft mit Geld für jedes Kind...

Die Kirche braucht gar nicht zu fragen
Vom Vater Staat kriegt sie die Daten
Ob in der Schule oder im Hort
Nach Daten fragt man immerfort...

Und damit später man von jedem Steuern erhält
Wird auch ein jeglicher gezählt!
Auch jedes Tier was fleucht und kraucht
Kann man denn wissen, wofür man's braucht?

Jetzt haben sich die Bürokraten gedacht
Wir zählen die Bäume in unserer Stadt
Arbeitsbeschaffung nennt man das bloß
Mit Schrauben und Schildchen ziehen sie los...

An jedem Baum am Straßenrand
Nun ein Nummernschildchen prangt
Jeder Beamte vom Gartenbau, weiß es nun auch ganz genau
Nr. 22 in der Straße „X" ist ein Lindenbaum!

Doch der Sinn des Ganzen blieb mir vorborgen
Bin gespannt, wann die Bäume sich rächen für's bohren
Vielleicht mit Geschwüren, wo ihre Rinde verletzt
Die Eiche Nr. 50 ist's, das weiß man jetzt!

Man darf gespannt sein
Was man als nächstes zählt
Für das man eventuell Steuern hält ein...

Die Regierung denkt darüber nach –
　　ganz bestimmt!

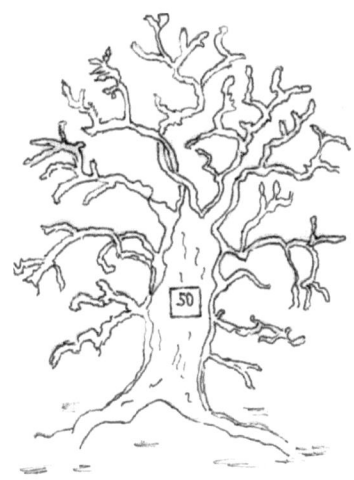

Februar

Mensch, sagt die Mutter zu den Kindern
Ich habe bald genug vom Winter
Immer nur dunkel, kalt und nass
Eis und Schnee – mir vergeht der Spaß

Der Älteste meldet sich: das ist wahr
Doch Mutter, wir haben erst Februar!
Und dazu gehören doch Raureif und Schnee
Auch Frost, damit wir könn' eislaufen geh'n

Der Zweite spricht: du musst das positiv sehen
Bei Dunkelheit wir früher zu Bette gehen
Da ist es für uns warm und trocken
Und du kannst mit Vati am Ofen hocken

Und ich, sagt der Dritte, find Schnee eine Wucht
Zur Schneeballschlacht man Mitspieler sucht
Stell dir vor, im Februar ist's schon warm… dann
Wär' unser Schneemann aber ziemlich arm dran

Der Jüngste meldet: mir wär es auch lieber
Schien doch endlich die Sonne wieder
Ich pflücke Gänseblümchen und Löwenzahn
es ist schon Pech, dass wir noch Februar hab'n

Zur Familie spricht zum Schluss der Vater
Ihr habt Recht, nur macht kein Theater
Mutter hör' ich schon sagen, wenn's 40° …
Hätten doch noch mal Februar

Und Ihr, die Ihr so vom Februar schwärmt
In zwei Monaten Euch auch noch die Sonn' nicht erwärmt
Das Freibad ist zu, der Bolzplatz liegt als Sumpflandschaft da
Hättet Ihr dann gern wieder Februar?

Frühlingserwachen

Der März war schön in diesem Jahr
Doch jetzt ist der April schon da;
Mit Sonnenschein und auch mit Regen,
Stürme um die Ecken fegen!

Die Wintersachen schon im Schrank,
Schließlich war es bis jetzt schön, Gott sei Dank
Und eh der Mensch sich so versieht ...
Er einen kräftigen Schnupfen kriegt.

Nun jammert er und liegt im Bett,
Mit Pillen er sich aufrecht hält.
Es wäre doch so einfach gewesen ...
Die dicke Jacke *nicht* weg zu legen

Auch Blumen hat er schon eingesät,
In der Hoffnung, dass das Wetter so weiter geht.
Acht Tomatenpflanzen hat er schon,
Die müssen nun warten, können nicht auf den Balkon.

Die Moral von der Geschicht'
Trau der Sonne im Frühjahr nicht.
Vom Schnupfen bleibst du dann verschont
Und geh spazieren wie gewohnt!

März

Im Märzen der Bauer den Traktor anspannt
ratternd und tosend fährt über's Land
hin ist sie, die Stille der Felder
mit lautem Getöse geht's auch durch die Wälder.

Hier fällt das Holz durch elektrische Sägen
zum Segen !
Zum Segen ?
Wem wohl zum Segen ?

Die Industrie unserer Welt, sie muß laufen
zum Wohle der Menschheit, Bauholz zu kaufen.
Der Teufelskreis schließt sich
die Natur schreit "OH WEH"
seht Ihr denn nicht
bald ist es zu spät.

Gebaut und gewerkelt wird allerorten
einige Multis das Geld dafür horten.
Wir haben 'ne Forschung in vielen Betrieben
DIE sollten mal zusehen,
nach Alternativen.

Wenn wir DIE nicht finden
dann ist es bald aus
dann bleibt auch im Märzen der Traktor zu Haus'.
Denn Felder und Wälder, die gibt's dann nicht mehr
diese Begriffe sind vergangene Mär !

Renate Krohn

Ein Mittwoch im Juni ...

Was macht der liebe Petrus nur,
Lässt regnen es in einer Tour.

Draußen alles grau in grau,
Wenn ich aus dem Fenster schau.
Die Arbeit geht nicht von der Hand,
Wenn's regnet hier im ganzen Land;
Und erst die Autofahrer,
Die müssen es büßen,
Zum Feierabend,
Mit nassen Füßen,
Die sie sich auf dem Parkplatz holen,
Wenn sie durch die Pfütze in ihr Auto wollen.

Es gibt aber auch jemanden, den das freut,
Bauern und Gärtner, das sind solche Leut'.

Auch die Talsperren, die füllen sich wieder,
Damit dann Trinkwasser hat ein Jeder.

Also lassen wir nicht zu sehr klagen,
Da wir doch alle was davon haben.

Doch nun ist *Donnerstag* heut
Und es regnet noch immer – die ganze Zeit!

Sommer

Juni! Der Sommer hat sich eingestellt,
Draußen ist es lange hell.
Die Menschen sind meist gut gelaunt,
Weil oft die Sonn' vom Himmel schaut.

Eröffnet wird die Grillsaison,
Kinder freuen sich aufs baden schon,
Ist Juli und August dann heiß,
schmeckt beim Italiener ein großes Eis.

Das Auto bleibt stehen, man geht zu Fuß,
Die Luft ist sauberer – weniger Ruß,
In keinem Haushalt wird geheizt,
Das ist die schöne Sommerzeit.

Die Schulkinder schon an die Ferien denken,
Maikäfer ihre letzten Runden beenden,
Piepsen hört man's in Bäumen und Büschen,
Alle Vögel haben Nachwuchs inzwischen.

Immer früher ...

Wir haben gerade mal Ende August
Beim Einkaufen vergeht einem die Lust
Dominosteine und Pfefferkuchen
Auch Zimtsterne nach dem Käufer rufen

Es ist August, noch Sommerferien
Die Leute woll'n einem suggerieren
Obwohl noch nicht mal Erntedank war
Die Zeit vor Weihnachten sei schon da

Dabei ist es noch vier Monate weit
Bis beginnt die Weihnachtszeit
Was soll also der ganze Kram schon im Laden
Ob die nichts anderes anzubieten haben?

Birnen, Äpfel und auch Pflaumen
Meinetwegen Bonbons für des Kindes Gaumen
Aber doch nicht schon im August
Das, was auf den Weihnachtsteller muss

Wenn November steht im Kalender
Hab' ich Verständnis für den Händler
Denn dann ist der Advent nicht weit
Und wir kaufen ein – für die Weihnachtszeit

Herbst

Der September geht zu Ende,
Herbstanfang steht nun im Kalender,
Das ist die ideale Jahreszeit,
Dass Wanderer sich machen bereit …

Der Bauer hat's Korn eingebracht,
Es blühen die Rosen in voller Pracht,
Kinder müssen noch etwas warten,
Bis sie mit ihren Drachen starten.

Autofahrer, die weiterdenken,
Ihrem Fahrzeug Winterreifen schenken …
Im Haus der Schrank wird ausgeputzt,
Wäsche nach hinten, die man nicht mehr benutzt.

Man feiert Kirmes und Erntedank,
Lässt sich impfen, hofft, man wird nicht krank,
Des Menschen Auge wird verwöhnt,
Wenn sich das Laub der Pflanzen tönt.

Es wird nun kühl und neblig,
Der letzte Monat ist ekelig,
Da lohnt sich der Weg zum Bücherschrank
Und dann … mit einem Glas Wein auf die Ofenbank!

Dezember

Novembertage grau und trüb
Schlagen Menschen aufs Gemüt
Regenschirm und feste Schuhe
Heizen muss man die gute Stube

Wenn Allerheiligen überstanden
War an Gräbern von Verwandten
Buß- und Bettag ist vorbei
Dann beginnt eine schönere Zeit…

Advent ist nunmehr angebrochen
Man sieht die ersten Lichterbogen
Sie erhellen mit ihrem Licht
Das Wetter, das noch immer trist

Freundlicher werden auch die Menschen
Beginnen an Freunde und Nachbarn zu denken
Mit einem Gruß, vielleicht 'nem Brief
Petrus es dazu schneien ließ

Nun kommt die rechte Stimmung auf
Denn man selbst im eignen Haus
Stellt Kerzen auf und Lichterketten
dann ist der November schnell vergessen

Er hat's nicht leicht…!

Manchmal ist es kaum zu glauben,
Will man uns den Schnee doch rauben,
Und der arme Weihnachtsmann
Den Schlitten wohl verkaufen kann!

Das Rentier freut sich allerdings,
Findet Gras noch rechts und links
Und die Hausbesitzer jauchzen,
Brauchen keinen Schnee zu schaufeln

Aus ist's mit der Schneeballschlacht,
'nen Schneemann hat man mal gemacht,
Auch Teppich klopfen im Schnee fällt weg,
Nur saugen hilft noch gegen Dreck.

Und Gletscher, einstmals riesengroß,
Sind ohne Schnee bald wirkungslos,
Nichts hält zusammen mehr den Fels,
Lawinen rauschen zu Tal ganz schnell.

Teiche werden in den Berg gebaut,
Mit Schneekanonen die Umwelt versaut,
Hotels und Pensionen stehen im Winter leer
Und die, die davon leben, kriegen Hartz IV!

Schneeketten werden nicht mehr gebraucht,
Winterreifen sind total out…
Was machen wir im Frühjahr ohne Schnee,
Ich schon trockene Bächlein seh'…

Also – was tun, wenn die Menschen
Der Erwärmung nicht Einhalt gebieten,
Wer erklärt unseren Kindern
Wo im Winter der Schnee geblieben…

Wer macht sich Gedanken, wenn es nicht mehr friert,
Was mit unserer Ernährung passiert.
Kein Schnee deckt unsere Wintersaat zu
Und Parasiten vermehren sich im Nu.

Ich fürchte, wenn's im Winter gibt keinen Schnee,
Das alles kommt runter als Regen
Und der Weihnachtsmann in seiner Not,
Kommt zu den Kindern am Heiligabend mit dem Boot!

Auch ich habe kein Patentrezept,
Wie man es ändern könnte – jetzt,
Um nicht einmal in die Welt zu schreien,
Lieber Gott, lass es bei uns wieder schneien!

Eher glaube ich, ehe die Menschen vernünftig werden,
Wird unsere schöne Welt sich andersrum drehen
Und da, wo jetzt ist blühendes Land,
In einigen Jahren ist nur noch Sand.

Der Weihnachtsmann käme mit einem Kamel,
Oder er könnte einen Schlitten mit breiten Kufen nehmen
Und statt dickem Mantel und Zipfelmütze,
Kommt er im T-Shirt, um nicht so zu schwitzen...

Santa Claus

Der Weihnachtsmann hat mitgeteilt,
Dass er zum Fest Zuhause weilt.

Er ist betrübt, es tut ihm leid,
Grundsätzlich wär' er ja bereit,
Doch die Corona-Restriktionen
Verhindern seine Aktionen

Er ist geboostert, ist geimpft,
Doch hat der Tierarzt ihn beschimpft
Und ihm mit bösem Blick erklärt,
Sein Rentier sei der Ansteckherd.

Da hilft kein impfen, boostern, putzen
Du darfst es einfach nicht benutzen.
Das ist der Grund, habt Ihr's geschnallt,

Kein Santa Claus – und
                    Tschüss bis bald!

Gerhard Krohn, Echzell

Ist das wahr?

Ob Nikolaus oder Heiliger Mann,
Ob Christkind oder Weihnachtsmann,
Sie alle soll es wirklich geben,
In diesem Glauben sollen wir leben ...

Stollen, Kekse, Marzipan,
Bietet man auf dem Weihnachtsmarkt an,
Nur beste Zutaten verwendet man,
Wir stehen davor ... solln's glauben dann

Weiter geht's zum Würstchenstand,
Aus eigner Schlachtung steht an der Wand,
Glühwein, Punsch und auch der Grog,
Hergestellt nach dem Reinheitsgebot ...?

Schwibbögen und Holzfiguren,
Das ist, was wir auf dem Weihnachtsmarkt suchen,
In Deutschland hergestellt (?) fragen wir vor dem Kauf ...
Na klar! ...und dann steht unten ... Made in China ... drauf

So werden wir Käufer über den Tisch gezogen,
Da fragen wir: Und was essen wir morgen?
Wenn nichts so ist, wie man uns sagt,
Nicht die Natur, sondern der Chemiker das Sagen hat ...

Vielleicht gewöhnen wir uns an die neuen Produkte
Und vergessen, dass wir mal was Besseres schluckten,
Die Hoffnung, dass der Weihnachtsmann,
Wenn's ihn denn gibt ... was dran ändern kann.

Die Welt mit Besserem zu ernähren
Und den Menschen Einsicht zu gewähren,
Seine Mitmenschen nicht übers Ohr zu hauen,
Damit wir alle wieder können glauben …

Weihnachtsmann und Nikolaus

Das Kalenderblatt in unserem Haus
Zeigt: am 6. Dezember ist Nikolaus
Damit fängt das Problem nun an
In jedem Geschäft steht… der Weihnachtsmann

Und frag ich nach in jedem Laden
Ob sie denn keinen Nikolaus haben
Verständnislos schaut man mich an
Und sagt: „Überall steht doch der gute Mann"

Ich frag', ob man will mich nicht verstehen
Kann den Heiligen Nikolaus nicht sehen
Denn der trägt keine rote Mütze
Auf seinem Kopf 'ne Mitra sitze

Nun halt ich ihm zwei Fotos hin
Auf dem beide Männer zu sehen sind
Der Verkäufer blicket schuldbewusst
Weil den Unterschied er nicht gewusst

Ich aber muss jetzt weiter traben
Will unbedingt 'nen Nikolaus haben
Und sollte beschert mir sein kein Glück
Bastle ich selbst so ein gutes Stück

Frisch geputzt

Zu diesem Tag fällt groß und klein
Ganz spontan Sankt Nikolaus ein
Und manch einer denkt darüber nach
Ob er bis dato war auch brav

Doch man hat nichts zu verlieren
Und wird es einmal ausprobieren
Den Stiefel man gewienert hat
Stellt jeder vor die Tür parat

Hofft abends, dass der gute Mann
In der Nacht ins Haus rein kann
Um in den geputzten Stiefel
Zum Beispiel legt 'nen Schokoriegel

Damit am Morgen etwas da für jedes Kind
Hastet Nikolaus durch die Nacht geschwind
In der Zeitung steht tags darauf zu lesen
Die meisten Bürger sind brav gewesen

Es freuten sich viele am nächsten Morgen
Die Stiefel sind nicht umsonst geputzt worden
Der Nikolaus tat für groß und klein
Etwas in die Stiefel hinein.

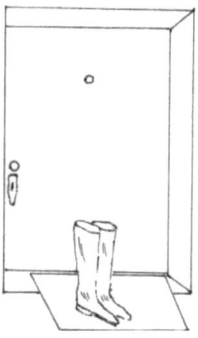

Plötzlich ist der 24. Dezember…

Ganz plötzlich, wie in jedem Jahr
Ist der letzte Monat da
Dezember – steht groß im Kalender
Da wird munter gar der Rentner

Er es gar nicht glauben mag
Für ihn ist immer Feiertag
Nun beginnt zu arbeiten das Gehirn
Wo er schreibt Weihnachtsgrüße hin

Im Adressbuch sieht er nach
Ein neues Problem kommt an den Tag
Wer kriegt 'ne Karte – wer 'nen Brief
Wo wohl ein Anruf auch genügt?

Er überlegt, es ist doch Brauch
'nen Weihnachtsbaum, den hat man auch
Und es stellt sich hier die Frage
Ob genug Schmuck und Kerzen er habe

Ein kleines Geschenk muss auch noch her
Denn seine Frau, die freut sich sehr
Da ist auch noch das Enkelkind
Über Geld freut's sich bestimmt

Tag um Tag nun so vergeht
Man vor dem Heiligabend steht
Seine Frau sich fest die Haare rauft
Zu Essen nichts ist eingekauft

Für den ersten Abend hat sie alles parat
Eine Dose Würstchen und Kartoffelsalat
Gut, dass der Braten schon lange bestellt
Dazu sich Rotkohl mit Klößen gesellt

Als dann am Baum die Kerzen brennen
Musik sie hören, die sie kennen
Mit einem Glas Wein wird angestoßen
…sind alle Problemchen schnell verflogen

Es kehrt wieder Ruhe ein
Ins verdiente Rentnerdasein
Beide schauen sich zufrieden an
Er fragt: „Wann kommt das nächste Mal der Weihnachtsmann?"

„Ach, das ist noch lange hin"
Erwidert seine Frau leichthin
„Doch eine Notiz werden wir uns machen
Dann kann das Fest uns nicht wieder überraschen."

Ist es jedes Jahr um die gleiche Zeit?

Weihnachten in Köln

Weil es eben Sitte war
So treffen sich in jedem Jahr
Zu einer kleinen Weihnachtsfeier
Krause, Schulze und auch Meyer

Diesmal war der Krause dran
Ein Lokal zu suchen dann
Obwohl im September er schon geht fragen
Einige Wirte *tut mir leid* nur sagen

Wären Sie im Juli gekommen
Wir hätten Sie noch aufgenommen
Als der das daheim erzählt
Schulze und Meyer lächeln gequält

Und sie fragen unumwunden
Hast du denn noch ein Lokal gefunden?
Na klar, sagt er und das ist fein
Ins Gaffelhaus, da kehren wir ein

Und weil ihre Frauen auch mit wollen
Haben sie 'nen Tisch für sechs Personen
Da meldet Schulze sich zu Wort
Ich weiß, warum man dich schickt fort

Hättest du für *zwanzig Mann* bestellt
Wittert der Wirt das große Geld
Denn bei so einer Weihnachtsfeier
Gibt's viele Fünfziger – sagt der Meyer

Ein Hund zum Fest

Ein Vater wurde einmal weich
Die ganze Hand der Tochter reicht
Sie wollte unbedingt ein Tier
Er sagte dann: „ich kauf es dir"

Da tat die Tochter dem Vater kund
„Ich möcht gern einen kleinen Hund
Mit einem seidig weichen Fell
Der nicht allzu laut dann bellt"

Der Vater sprach: „kommt nicht in Frage
Du kannst einen Hamster haben
Ein Vogel wäre auch noch drin
Ein Hund ist nicht in meinem Sinn"

„Warum nicht?" hakt die Tochter nach
„Ich werd ihn pflegen Tag und Nacht
Werd' mit ihm spielen, Gassi geh'n
Und ihn freudig wachsen sehn"

Da schaltet sich die Mutter ein
„Ein Tier in dieser Wohnung? *Nein!*
Die Natur hat gar nicht vorgesehen
Dass Tiere in einem Käfig leben"

Auch ein Hund ist fehl am Platz
Wenn du nur eine Wohnung hast
Ein Vogel, der nicht frei fliegen kann
Ein Hamster, der nicht wühlen kann

Das alles ist nicht tiergerecht
Ein Vorschlag, der sich machen lässt
Im Tierheim warten viele Hunde
Auf einen Auslauf – eine Stunde

Mit ihm kannst du spazieren gehn
Er wird sich freuen, dich zu sehn
Auch kannst du von deinem Taschengeld
Mal ein Würstchen kaufen… was ihm gefällt

Die Tochter hört mit offnem Mund
Was die Mutter ihr tat kund
Auch Vater war von diesem Fingerzeig
Überhaupt nicht abgeneigt

Sie überlegt noch eine Weile
Doch plötzlich hat es keine Eile
Am nächsten Tag kommt sie nach Haus
Im Arm 'nen Hund, das Fell ganz kraus

Ein Hund aus Stoff – hat sie entschieden
Der braucht keinen Auslauf und
Bleibt immer ganz ruhig liegen…

Nichts darf man…!

Eine Hausfrau zum Jahreswechsel

Endlich ist der Stress vorbei ...
Nun hat das Neue Jahr begonnen;
Was gab es nicht alles zu besorgen,
Damit die Familie sich konnte *sonnen*!

Erst die Geschenke für die Lieben,
An Freunde und Bekannte Karten geschrieben;
Ein Weihnachtsbaum, *der Beste*, na klar ...
Man gönnt sich ja sonst nix –
eine Nordmanntanne war.

Speisen und Getränke, natürlich alles frisch ...
Sollten für die Lieben auf den Tisch!
Dann der letzte Tag im Jahr ...
Raketen her – na wunderbar!

Wer denkt denn schon nach, ob's in der Welt knallt,
Ob jeder noch etwas zu essen hat.
Wir wollen doch alle nur ein wenig Spaß,
Die bösen Geister vertreiben – oder so etwas!

Nun beginnt endlich ein neues Jahr,
Mit weniger Katastrophen ... hoffen wir mal!
So ganz nebenbei – Europa wächst zusammen,
Mussten uns an neues Geld gewöhnen, alle.

Wie sagt der Kaufmann an der Ecke?
Jetzt geht's uns gut; es kostet alles nur noch die Hälfte!!!
Bald sind auch die letzten Lichter erloschen,
Keiner hat mehr auch nur einen Groschen,
Und die Müllabfuhr kommt den Abfall holen.

Ein paar Tage Ruhe, man denkt noch mal nach,
Alles in allem eine schöne Weihnacht.
Auch der Übergang ins Neue Jahr ...
Die Familie zufrieden war.

Oh Schreck, die besinnlichen Tage sind vorbei,
Die nächsten Termine kommen herbei!
Geburtstage – Karneval – den Urlaub planen,
Der Stress hat uns am Haken
auch im neuen Jahr!

Am Ende des Jahres

Wenn die Feiertage sind vergangen,
der Haussegen hat nicht schief gehangen,
die Geschenke waren gelungen,
jeder hat das Richtige gefunden.
Die Gans, der Karpfen sind verzehrt,
dann ist Ruhe eingekehrt.

Der letzte Tag im Jahr wird noch mal laut,
fast jeder auf die Pauke haut,
um zu vertreiben die bösen Geister,
damit das Neue Jahr wird froh und heiter!

Nachbetrachtung

Wär' da nicht das Feuerwerk,
Hätten's Einige noch nicht bemerkt,
Ein ganzes Jahr ist nun vergangen,
Ein neues hat schon angefangen.

Sie stehen da mit starrem Blick
Und denken an die Zeit zurück,
Was haben sie in dem Jahr geschafft,
Was haben sie falsch oder richtig gemacht.

Der Eine hat sich treiben lassen
Und möchte gern so weiter machen,
Der Andere ohne Job und Brot,
Möchte ändern seine Not.
Ein Ehepaar hat sich getrennt,
Allein ein jeder durch's Leben rennt,
Ein junger Mensch macht den Führerschein,
Denkt auf der Straße ist er allein …

Traurig denkt einer gar zurück,
Warum er im Lotto hat kein Glück,
Dann, die unverschuldet krank geworden,
Sich um Arbeit und Familie sorgen.

Was haben all' die Menschen falsch gemacht,
Dass sie es zu *Wohlstand* nicht gebracht,
Man sagt, es sei jedem vorbestimmt,
Schon wenn er in der Wiege liegt.

Den Menschen steuert sein Gehirn,
Drum ist er's Schuld im gewissen Sinn,
Und nichts aus dem Vergangenen macht
Wenn ihm das neue Jahr entgegen lacht

Der Kalender

Wer an den Kalender denkt...
Zuerst an den, der aufgehängt,
Ob in der Firma oder zu Haus',
In jedem Bahnhof gibt es ihn auch.

Kalender gibt's gar viele Arten
Tisch- und Faltkalender, Kalenderkarten.
Dann ist da einer für die Termine,
Der andere für den Geburtstag der Lieben.
Kalender gibt es für's Horoskop...
Kalender auch für Kultur und Sport.
Kalender gibt es sogar für Blinde,
damit auch sie das Datum finden.

Nicht zu vergessen: *die* mit den tollen Motiven,
Für Leute, die Autos oder Tiere lieben.
Mit Landschaften in allen Jahreszeiten...
Auch Kalender mit klugen Köpfen uns begleiten.

Von jeder Firma, die was auf sich hält,
Wird ein eigener Kalender hergestellt.
Und kommt einem eine Frage in den Sinn,
Die Antwort steht sicher in einem Kalender drin!

Die Moral von der Geschicht'
Ohne Kalender geht es nicht.
Es sei denn, das letzte Stündlein ist gekommen,
Doch – auch dann wird er zur Hand genommen.

Jahres(-Zeiten)wechsel

Nun ist das Jahr zweitausendzweiundzwanzig vorbei,
die Politiker machten sehr viel Geschrei,
sie wollten alles besser machen,
nix ist passiert, es ist zum Lachen (?).

Katastrophen auf der Welt gab es zuhauf,
die Kriegstreiber gehen nirgendwo aus,
mit der Natur wird nicht pfleglich umgegangen,
vielerorts Menschen um ihr Leben bangen.

Auch wird unsere Erde weiterhin ausgehöhlt,
Kohle, Erze, Öl – bis nix mehr geht …
Es fehlt nicht an Mahnern und klugen Köpfen,
die suchen nach Lösungen immer öfter.

Auch auf der Erde, von Menschen Hand,
wird Chemie versprüht und Wald verbrannt,
und wenn wir erst das Grundwasser versauen,
dann müssen wir das restliche Eis von den Polen klauen.

Nun ist zweitausenddreiundzwanzig – wir sollten nicht klagen und
wünschen, dass sich die Menschen besser vertragen,
Kriege brauchen wir nicht auf der Welt,
hoffen, dass Leute mit viel zu viel Geld
etwas abgeben ... den Armen der Welt.

Man kann ja anderer Meinung sein,
doch sollte man miteinander reden, das wäre fein,
das wünsche ich für die Welt, meine Familie und mich,
dann wär' auch ich im Neuen Jahr richtig glücklich.

*Es gibt Dinge, die wir alle nicht brauchen: Kriege –
Unfrieden untereinander – unlauterer Wettbewerb
und Etliches andere mehr. Beenden wir unsere
Gedichtreise mit einer Frage ...*

Modernes Gebet

Herr   In meiner Kindheit betete ich

Vater unser
Der Du bist im Himmel
Geheiligt werde Dein Name
Dein Reich komme
Dein Wille geschehe
Wie im Himmel so auf Erden

Herr   Heute bete ich

Vater unser – bist Du noch im Himmel?
Ich will ja gern Deinen Namen heiligen
Und, dass Dein Reich komme
Das hoffe ich
Aber – Dein Wille geschehe!
Ist das wirklich Dein Wille, der jetzt geschieht?
Alle die kleinen und großen Kriege
Morde, Vergewaltigungen, Raubzüge.
Ich kann das nicht glauben.

Gewiss, Du hast auch gesagt:
Macht euch die Erde untertan.
Damit hast Du sicher nicht gemeint,
Dass die Menschen sie vernichten.

Herr	Und jetzt versuchen einige, wenige Menschen Sich zu bereichern Dafür müssen tausende Familien in Not Und Armut leben, weil sie dafür entlassen Werden
	Andere kommen auf die wahnsinnige Idee, Die heiligen Feste, wie Ostern und Weihnach- ten Abzuschaffen Nur um des Profites willen…
Herr	Du siehst, was alles falsch gemacht wird Du siehst, was ferner daraus resultieren wird Hilf uns! Hilf alle denen, die nicht in der Lage sind Die katastrophalen Folgen ihrer Handlungs- weise Zu verstehen – zu begreifen – oder nicht den Mut haben Zu ihren Fehlern zu stehen. Hilf uns! Noch niemals war Deine Hilfe So dringend vonnöten wie jetzt

Amen

©Renate Krohn

Inhaltsverzeichnis

Titel	Seite
Der Löwenzahn	5
Mensch	6
Familie	35
Urlaub	73
Feiern und genießen	84
Nachbarn	106
Natur	134
Garten	183
Beruf und Verkehr	208
Schreiberlinge	224
Zeit	238

Gastautoren: Gerhard Krohn, Echzell
Renate Krohn, Leverkusen
Uwe Krohn, Rodenkirchen

Bitte beachten Sie auch die folgenden Seiten

Bisher bei BoD erschienene Titel

2015   *Und er blicket stumm auf das freie Land ringsum*
        Geschichten aus der Zeit zweier deutscher Staaten

2016   *Bobo und Bobinchen*
        Tiergeschichten für kleine und große Kinder

2017   *Tod in der Berghütte*
        Liebenswürdiges und Mörderisches passt durch-
        aus zusammen

2018   *Die Ente vor der Schranke*
        Geschichten zum Schmunzeln und Nachdenken

2018   *Mariness lebt ihren Traum*
        Schauspielerin zu werden ist ihr größter Wunsch
        – doch der Weg ist steinig

2019   *Der Stein des Anstosses*
        Auch wenn man mal nicht so gut drauf ist, Lese-
        futter geht immer

2019   *Warum musste Helenchen sterben*
Wer bringt eine ältliche Bibliothekarin um, deren
einziger Lebenszweck ihre geliebten Folianten
sind

2020   *Der unverhoffte Zeuge*
Das war Pech – einer hat es doch gesehen
und andere Geschichten mitten aus dem Leben

2020   *Begegnung mit Ricardo*
Er wollte nur ein paar Jahre in Deutschland bleiben,
doch es kam alles ganz anders…

2022   Meine Freundin Isabell
Sie vollendete ihr Werk – *er hat es nicht anders verdient* dieser Lumpenhund
Geschichten und Gedichte aus unserer Zeit mit Humor,
Tiefgang und ein bisschen Boshaftigkeit

2022   *Zwei feine Damen*
Oh ja! Sehr fein – aber nicht ganz ungefährlich
Das Leben schreibt doch immer die besten Geschichten